钟楼记忆

文化 · 校园 · 人物

ZHONGLOU JIYI

南京市金陵中学 / 编

江苏人民出版社

图书在版编目（CIP）数据

钟楼记忆/邹正主编. — 南京：江苏人民出版社，2013.9
ISBN 978-7-214-10500-4

Ⅰ. ①钟… Ⅱ. ①邹… Ⅲ. ①金陵中学-校史-画册
Ⅳ. ①G639.285.31-64

中国版本图书馆CIP数据核字（2013）第225181号

书　　　名	钟楼记忆——文化·校园·人物
主　　　编	邹　正
责 任 编 辑	杨　健
出 版 发 行	凤凰出版传媒股份有限公司
	江苏人民出版社
出版社地址	南京市湖南路1号A楼，邮编：210009
出版社网址	http://www.jspph.com
	http://jspph.taobao.com
照　　　排	江苏凤凰制版有限公司
印 刷 者	江苏凤凰盐城印刷有限公司
开　　　本	718毫米×1000毫米　1/12
印　　　张	15　插页2
字　　　数	120千字
版　　　次	2013年10月第1版　2013年10月第1次印刷
标 准 书 号	ISBN 978-7-214-10500-4
定　　　价	68.00元

（江苏人民出版社图书凡印装错误可向承印厂调换）

前　言

　　1888年，美国基督教美以美会的传教士傅罗在南京市中心圈了一块地，建造了以钟楼为中心的一组建筑，创办了汇文书院。从此，一所著名的近代学校——金陵中学诞生。

　　历经125个春秋的南京市金陵中学，在东西方文明大冲撞之际应时而生。从她诞生之日起，就注定与国家命运血肉相连。而时间的洗礼，又见证她革故鼎新、与时俱进、勇立潮头的生动传奇。

　　125年来，一代代金中人怀抱着"诚真勤仁"的校训，传承着科学与人文并举的特色，嵯峨钟楼见证了金中人薪火相传的峥嵘岁月；百年纪念碑上的桃李，聆听了金中人生命与生命的精彩对话；而"永为南国雄"的豪迈校歌，激励了金中人理想的放飞和青春的绽放。这里永远是金中学子魂牵梦萦的精神家园。

　　125年来，金中校园走出了五万多名优秀毕业生。他们像璀璨的群星，在各自的领域里散发出耀眼的光芒。他们是科学精英、学术大师、治国栋梁、兴业专家……他们为民族振兴、国家繁荣、社会进步做出了重要贡献。他们是金中校园里真正的主人，是金中人的骄傲。

　　本图册，记载了金中人心中那些或存或逝的校园风物，展示了金中人应知应晓的校友事迹。

　　谨以此献给金陵中学建校125周年。

目 录

　　金陵中学校训及人文精神是一百多年来金陵中学的灵魂，是金陵中学一代代莘莘学子的行为准则和继承发扬的文化传统。

　　人文精神是在长期办学过程中积累形成的优良办学传统和特色，是历届师生所创造和积淀的，是促进师生成长坚实的文化力量。一代代金中人为金中的发展建设倾注了智慧和心血，为金中125年的历史留下了深厚的人文底蕴、独特的文化和宝贵的精神财富。

　　不同时期与时俱进的教育主张、理念和目标，是金中人人文精神的重要组成部分。

　　金中校训及人文精神是成就百年老校金陵中学之瑰宝。

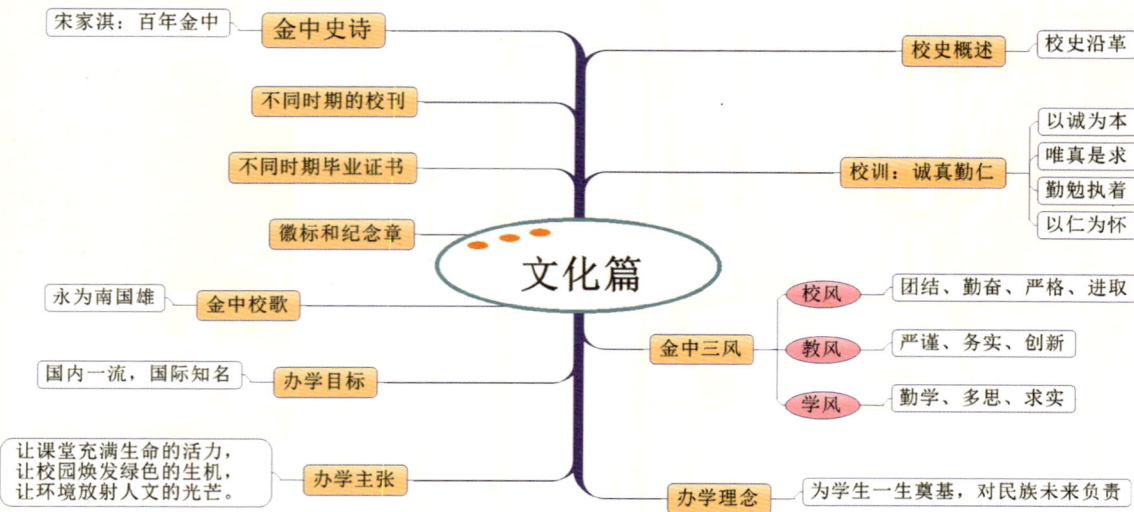

文化篇

- 宋家祺：百年金中 — 金中史诗
- 不同时期的校刊
- 不同时期毕业证书
- 徽标和纪念章
- 永为南国雄 — 金中校歌
- 国内一流，国际知名 — 办学目标
- 让课堂充满生命的活力，让校园焕发绿色的生机，让环境放射人文的光芒。— 办学主张
- 校史概述 — 校史沿革
- 校训：诚真勤仁
  - 以诚为本
  - 唯真是求
  - 勤勉执着
  - 以仁为怀
- 金中三风
  - 校风 — 团结、勤奋、严格、进取
  - 教风 — 严谨、务实、创新
  - 学风 — 勤学、多思、求实
- 办学理念 — 为学生一生奠基，对民族未来负责

■ 校史概述

　　金陵中学前身为1888年由美国美以美（methodism）会创建的汇文书院。汇文书院是南京的第一所高等学府，英文名为Nanking University。1892年汇文书院始设大学堂、高等学堂、中学堂、小学堂，中学堂称成美馆。

　　1910年汇文书院与宏育书院（由益智书院、基督书院合并而成）合并为金陵大学。汇文书院的中学部博学馆，遂更名为金陵大学附属中学，简称金大附中、金陵中学。1937年抗日战争爆发后，西迁四川的师生先后创办了万县金陵中学及驻蓉分班；留守南京的师生们先后办起金陵补习学校、鼓楼中学、同伦中学和南京金陵中学。抗日战争胜利后，1946年，西迁四川万县的师生回宁，与南京金陵中学合并，仍名为金陵大学附属中学。

　　1951年金大附中与金陵女子文理学院附中合并，成立南京市第十中学。

　　1988年4月，经南京市人民政府批准，学校又更名为南京市金陵中学。

　　2003年9月，金陵中学与南京市河西开发指挥部合作创办了金陵中学河西分校。

　　2008年9月，金陵中学与鼓楼区教育局合作创办了南京市金陵汇文学校，与建邺区教育局合作创办了金陵中学实验小学。同年，在校本部创办了"国际部"。

　　2012年9月，金陵中学与栖霞区教育局、南京大学合作创办了金陵中学仙林分校（小学部）。2014年9月，创办的金陵中学仙林分校（初中部）也将正式开学。

　　目前，金陵中学与南京市政府合作的金陵中学岱山分校正在筹建中。同时，学校还将与六合区教育局合作创办金陵中学龙湖分校。

■ 校史沿革示意图

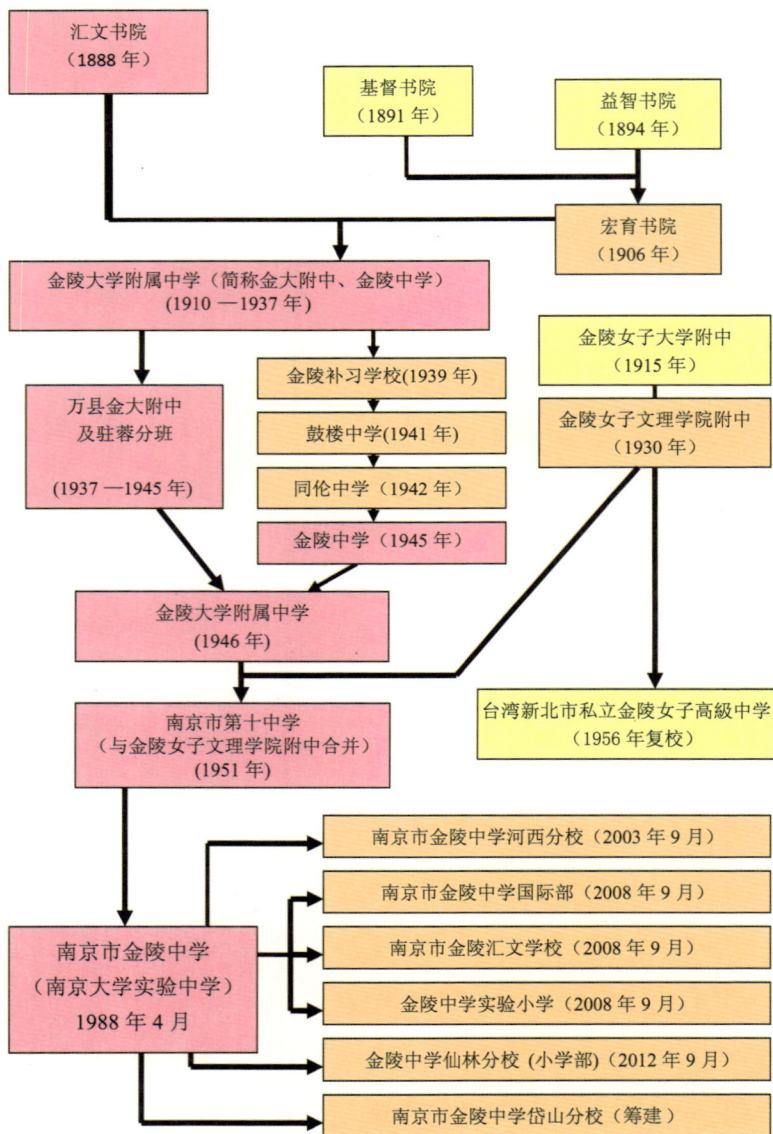

```
汇文书院
（1888 年）

基督书院                益智书院
（1891 年）              （1894 年）

                        宏育书院
                        （1906 年）

金陵大学附属中学（简称金大附中、金陵中学）
（1910 —1937 年）

                 金陵补习学校(1939 年)        金陵女子大学附中
                                            （1915 年）
万县金大附中                鼓楼中学(1941 年)
及驻蓉分班                                   金陵女子文理学院附中
                        同伦中学（1942 年）    （1930 年）
（1937 —1945 年）
                        金陵中学（1945 年）

           金陵大学附属中学
           （1946 年）

           南京市第十中学                台湾新北市私立金陵女子高级中学
           （与金陵女子文理学院附中合并）  （1956 年复校）
           （1951 年）

                              南京市金陵中学河西分校（2003 年 9 月）

                              南京市金陵中学国际部（2008 年 9 月）

南京市金陵中学                 南京市金陵汇文学校（2008 年 9 月）
（南京大学实验中学）
1988 年 4 月                 金陵中学实验小学（2008 年 9 月）

                              金陵中学仙林分校 (小学部)（2012 年 9 月）

                              南京市金陵中学岱山分校（筹建）
```

■ 校训：诚、真、勤、仁

以诚为本，
唯真是求，
勤勉执着，
以仁为怀。

2008年9月，金陵中学师生及校友代表为校训碑举行了揭碑仪式。
（校训碑上文字由1947届校友常国武题写）

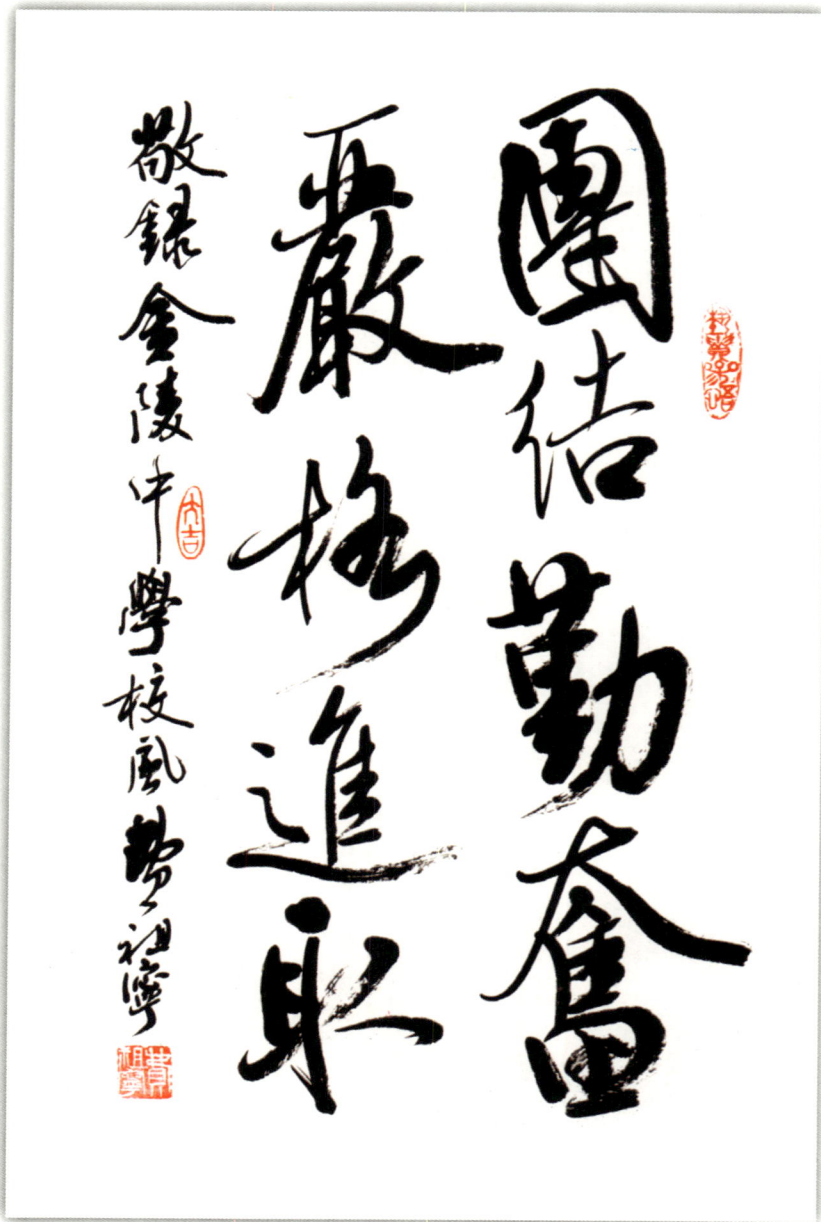

（1965届校友费祖宁题写）

■ 学校 "三风"

校 风
团结、勤奋、严格、进取

教 风
严谨、务实、创新

严谨 务实 创新
谨 實 新
金陵中學教風
燕寧書

（原校长岳燕宁题写）

学　风

勤学、多思、求实

勤學多思求實

金陵中學學風

成懋冉敬錄

（2006届校友成懋冉题写）

■ 办学理念

为学生一生奠基，对民族未来负责

少年是民族未来的希望，教育是国家兴旺的基石。"为学生一生奠基，对民族未来负责"的办学理念，试图把社会发展的需要和受教育者自身发展需要完全结合起来；把以人为本与为人类、国家、民族的贡献结合起来。这是学校理所应当的历史担当。

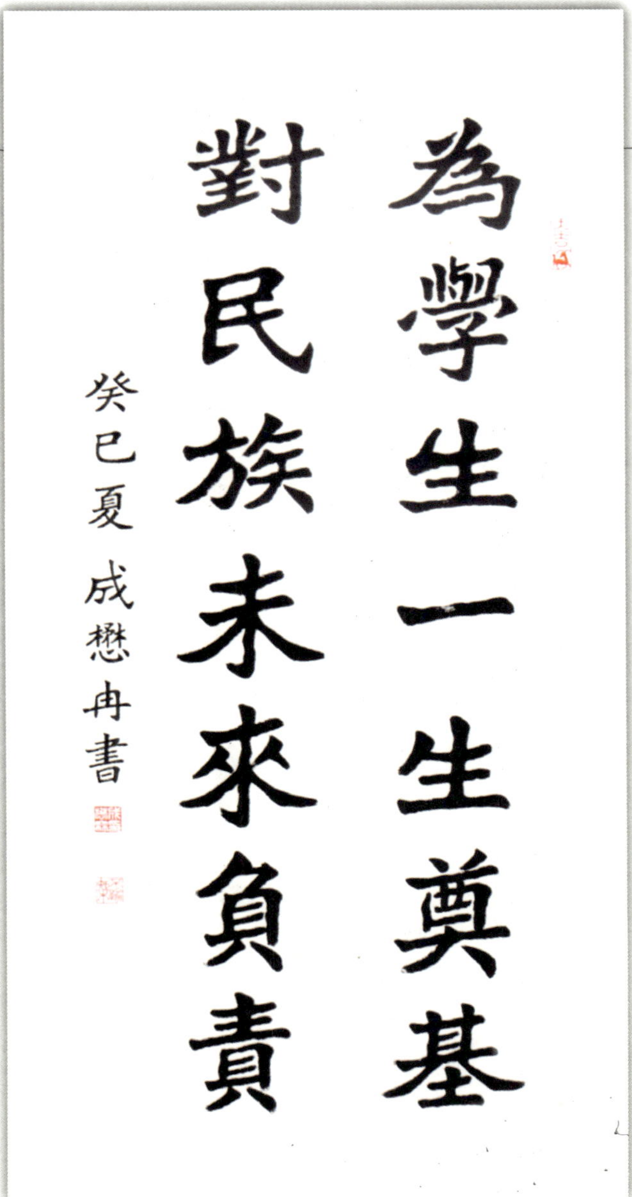

为學生一生奠基
對民族未來負責

癸巳夏 成懋冉書

（2006届校友成懋冉题写）

让课堂充满生命的活力，让校园焕发绿色的生机，让环境放射人文的光芒

敬承金陵中学教育主张

校友朱江书

（1998届校友朱江题写）

■ 办学主张

让课堂充满生命的活力，让校园焕发绿色的生机，让环境放射人文的光芒。

"课堂是学校教育教学的主阵地，是培养学生的主渠道。首先要把每个学生看成是一个鲜活的生命，一个有灵气和个性的人，一个正在蓬勃成长的少年；而教师正是在促进一届一届学生生命成长的过程中，实现自己的生命发展，体现自己生命的价值。"

"绿色校园绝不仅仅指的是绿化的校园，而是指理想的育人环境。从硬件到软件，从设施到文化，每个方面、每个角落都渗透着民主、轻松的氛围。"

"人文底蕴是指一所学校在长期办学过程中积累形成的优良的办学传统和特色，是历届师生所创造和积淀的，是促进师生成长柔软而又坚实的文化力量。我们要通过文字、音像等文化形态把她体现出来，在师生校友中传播，在学校环境中显露。"

——邹正

■ 办学目标

国内一流，国际知名

国内一流
世界知名

癸巳年　王凡

（原校长王凡题写）

■ 校 歌

民国时期，金陵中学作为金陵大学附属中学使用同一首校歌。这首歌名为"Annable Lee"，为19世纪美国诗人H. S. Thompson创作，不久为康奈尔大学用为校歌。1930年代，金陵大学也采用这首歌曲为校歌，并由国学大师胡小石作词。这首歌曲，不仅旋律简洁而不失端庄气势，又有大师填词，可谓气势不凡。1988年南京十中恢复"金陵中学"校名和校歌，其中第三句歌词"三院嵯峨，艺术之宫，文理与林农"改作："钟楼嵯峨，教育之宫，桃李坐春风"，更切合金陵中学实际。

校 歌

词：胡小石

大江滔滔东入海，我居江东，
石城虎踞山蟠龙，我当其中。
钟楼嵯峨，教育之宫，桃李坐春风，
思如潮，气如虹，永为南国雄。

■ 徽标和纪念章

1937年金陵中学徽标图案

金大附中1949年前使用的校徽，中间圆形图案为钟楼，黄墙红顶，窗户为白色，上方两角为"金"、"大"两字，底角为"附中"两字。背面有"学生"和"N"烙印，有三个小圆环，是将校徽缝在衣服上用的，没有扣针。（1952届校友胡松捐赠）

金大附中1948年校徽
（校友沈开驻捐赠）

金大附中1949—1950年住校生使用的校徽，三角形上边增加了0.4公分宽的编号彩条，红色为住校生佩戴，不能随便出入校门；黄色为走读生佩戴。背面增加别针和一根短链，可以挂在衣服扣眼中。（1952届校友胡松捐赠）

1949年前使用的金陵女子文理学院附中校徽

1949—1951年使用的南京金女大附中校徽

1951—1952年使用的南京市十中校徽。1951年，金大附中和金陵女子文理学院附中合并，成立公立南京市第十中学。这是南京市十中首款校徽。（1952届校友胡松捐赠）

金大附中1950—1951年使用的校徽，也是金大附中最后一枚校徽。周围和左下部金陵大学北大楼图案为银色，上方基底为白色，在右上角有一颗红五角星，下方为红色"金大附中"四字。后背为扣针和编号。（1952届校友胡松捐赠）

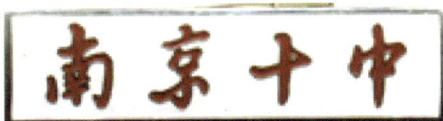

1959年南京十中校徽，铜质，长方形，边框为银白色，"南京十中"四字采用的是毛泽东手书体。白底红字为学生佩戴校徽。背面有"南标厂造"四字和编号。（1962届校友仲维颐捐赠）

1956年南京市十中校徽。红底白字为教师用校徽，蓝底白字为学生用校徽。

1988年更名为金陵中学时使用的校徽，使用赵朴初题字的校名。白底红字为学生使用的校徽，红底白字为教师使用的校徽。

1988年金陵中学一百周年校庆纪念章（2枚）

2008年金陵中学建校120周年"双甲校庆纪念章"

现金陵中学使用的徽标图案，由金陵中学美术老师吕卫东设计。

■ 不同时期毕业证书

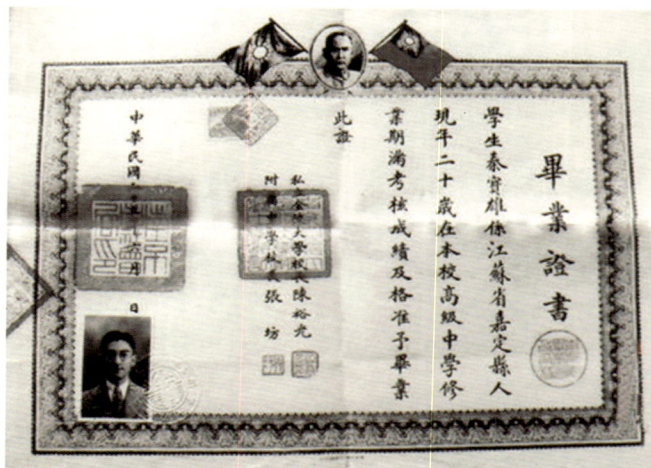

1936年金大附中时期秦宝雄校友高中毕业证书

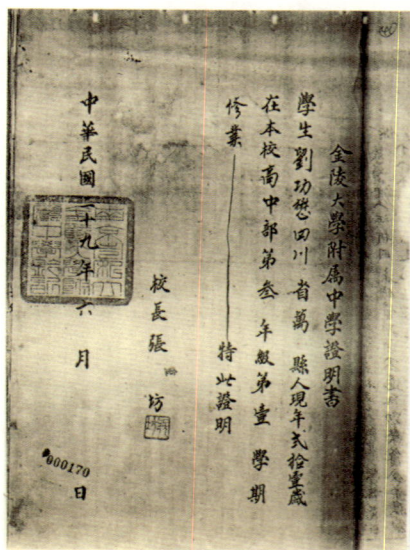

1940年四川万县金大附中校友刘功懋毕业证明书

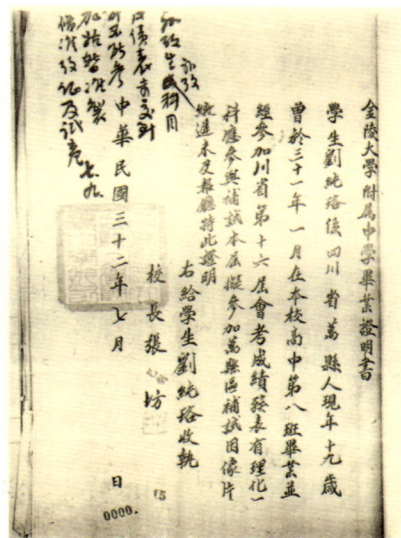

1943年四川万县金大附中时期校友刘纯珞毕业证明书

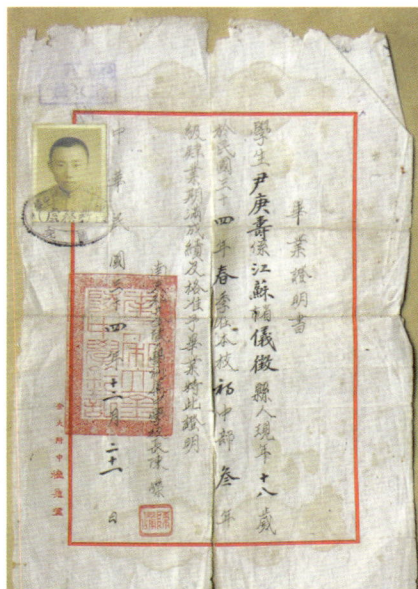

1945年金大附中时期尹庚寿校友初中毕业证明书

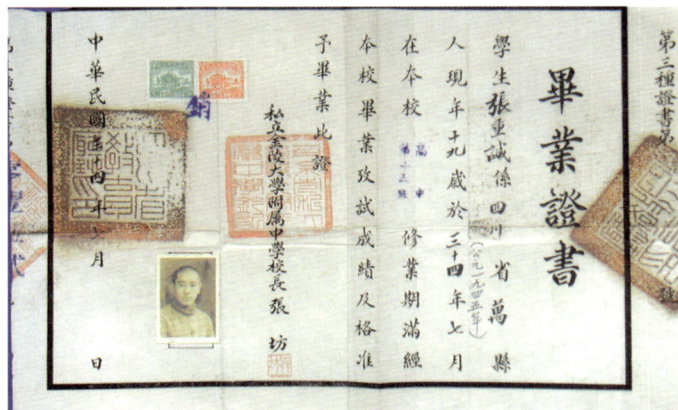

1945年万县金中时期高十五班张重诚校友毕业证书

1947年金大附中时期薛彦铮校友高中毕业证书

1949年金大陈中时期祝寿泉校友毕业证书

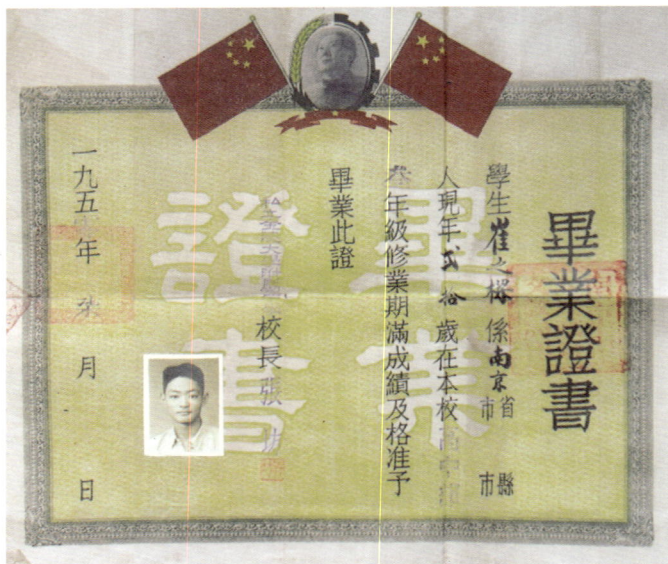

1950年金大附中时期崔之檩校友高中毕业证书

1951年金大附中时期陈季琪校友高中毕业证书

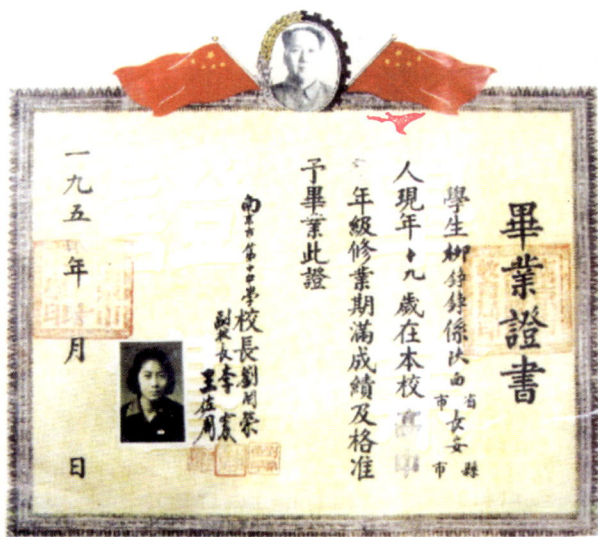

1952年南京市第十中学时期彭桂时校友的临时毕业证和柳铮铮校友的正式毕业证

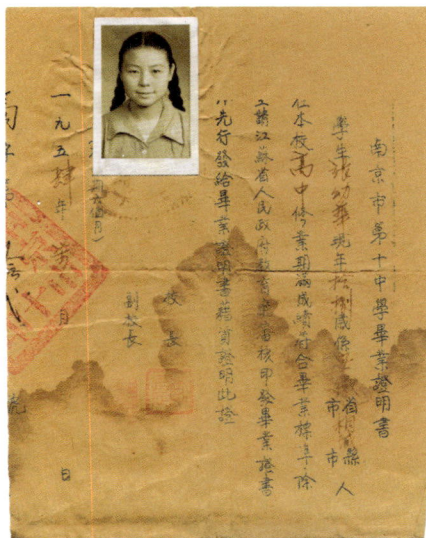

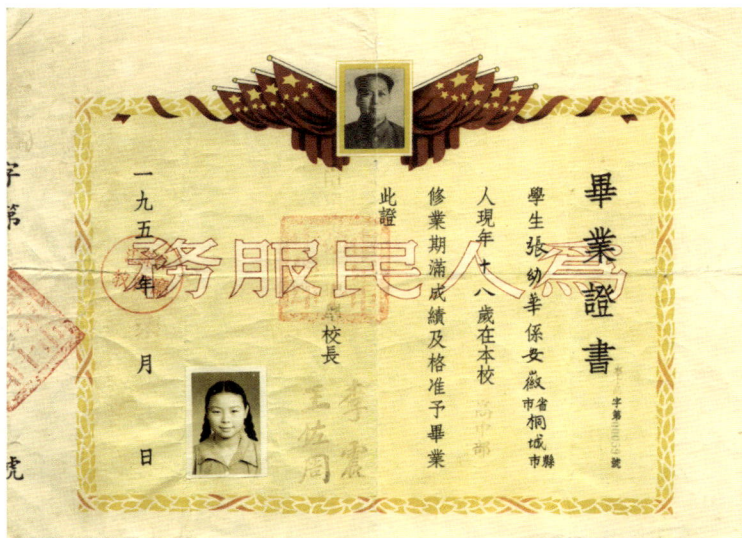

1954年南京市第十中学时期张幼华校友毕业证明书和高中毕业证书

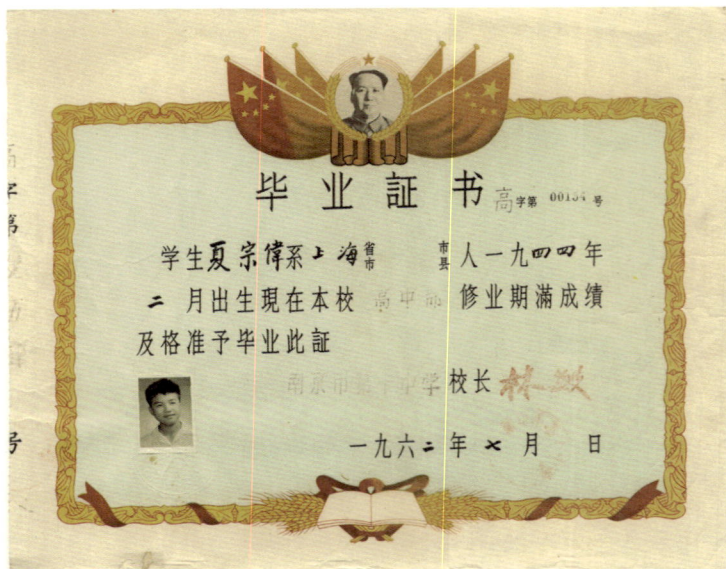

1962年南京第十中学时期夏宗伟校友高中毕业证书

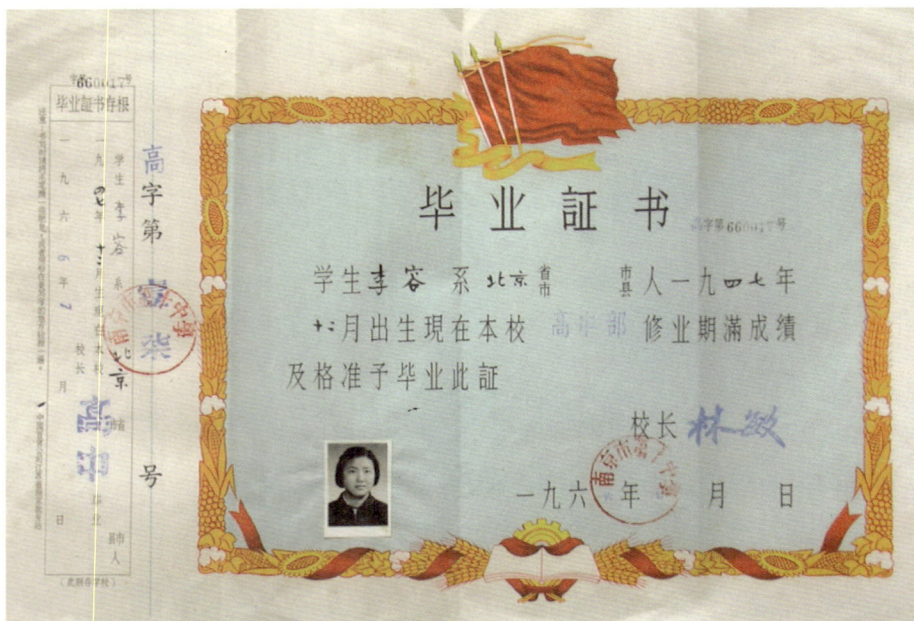

1966年南京第十中学时期李容校友高中毕业证书及证书存根。因文革开始而未发至毕业生手中。

■ 不同时期的校刊

1916年出版的民国实业家
张謇题签的《金陵光》封面

民国时期，教育部次长范
源廉题签的《金陵光》封面

《金陵光》学报，月刊，1909年12月创刊，开始只有英文版。在校友陶行知的倡议下，1913年2月《金陵光》中文版正式出版。素以文笔优美、隽秀犀利著称的陶行知代表编辑部同仁撰写了《〈金陵光〉出版之宣言》。

此后，《金陵光》中英文合刊，各占一半篇幅，中文主笔陶行知，英文主笔刘静邦、张謇。有关于哲学、政治、经济、社会问题及医学、农学等方面的内容，还有大量诗、词、散文、游记、剧本及名人传记等。此外也报道学校同学会活动消息。

《金陵光》是金陵大学重要的学术刊物，也是我国最早的大学学报之一。同时也是一份影响遍及全国的中英文刊物，张謇、蔡元培、范源廉、黄炎培等著名教育家都赞誉有加，先后为之题签。

1929年《金中校刊》封面

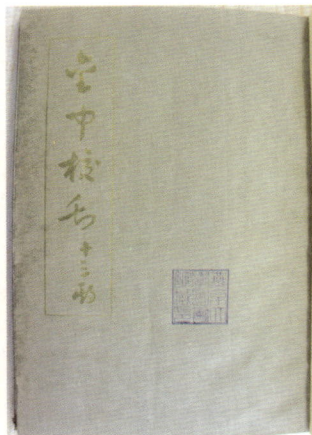

1937年《金中校刊》第十三期

1932年金陵中学校刊，总第五期。封面为彩页，由民国著名书法家于右任题名《金陵中学校刊》。内有金陵中学学生自治会照片等。约有文章100余篇，有论文、散文、诗歌等。

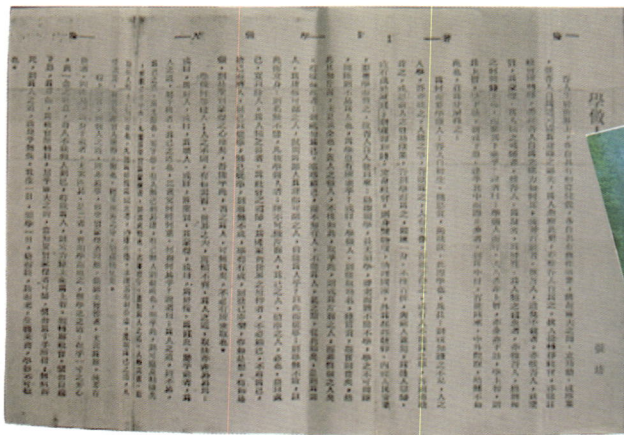

金中的第二任华人校长张坊, 曾专门在《金中校刊》写了一篇《学做人》的文章。他是金陵中学校史上一位非常重要的人物: 1929—1950年任金中校长, 是金中历史上任期最长的校长。

2001年复刊的《金陵光》杂志, 是金陵中学教职员工教育教学科研的阵地。

金陵中学编写的部分教育教学指导手册和师生研究性学习论文集

■ 金中史诗

百年金中

宋家淇

一、汇文书院[1]

蒋山[2]巍巍，淮水[3]泱泱；
灵秀所钟，其在序庠[4]。
汇文钟楼，一城所望[5]。
辛亥童子[6]，母校之光。

二、金大附中[7]

金大厥有，附中益张。
名师云集，业绩辉煌。
杏坛[8]传经，赛场翱翔。
还我教权，华胄眉扬[9]。

三、蜀宁两地办学[10]

倭侵迁蜀，木铎他乡[11]。
碧空血洒，五生国殇[12]。
留宁复校，鄙夷豺狼。
长歌当哭，国耻敢忘。

四、金中返宁复校[13]

蜀宁璧合[14]，光复返航。
故园草木，依旧苍苍。
钟山风雨，翻覆苍黄[15]。
百废待举，志在四方[16]。

五、南京市第十中学[17]

易名改制，雁列十行[18]。
冠笄共砚[19]，桃李芬芳。
海外赤子，归来同窗[20]。
焚膏继晷[21]，发愤图强。

六、南京市金陵中学[22]

百岁期颐[23]，苍松傲霜。
复名颂寿，群星煌煌。
与时俱进，河西腾骧[24]。
承先启后，鹏程无疆。

附注释

（1）汇文书院时期（1888—1910），是金陵中学历史发展的第一个时期。1888年，美国基督教美以美会傅罗（美籍）在江苏省江宁府（今南京）创办汇文书院。1892年，书院授课分为大学堂、高等学堂、中学堂、小学堂四级，每级学制均为四年。

（2）[蒋山]即南京的钟山。三国时吴主孙权因避祖父讳钟，以东汉末秣陵尉蒋子文葬于此而改名。

（3）[淮水]秦淮河的古称。唐以后因旧传秦始皇凿通此河，遂改称秦淮河。

（4）[序庠（xiáng）]学校的古称。

（5）[汇文钟楼，一城所望]钟楼为汇文书院最早建成的一座三层洋楼，也是南京市最早的一幢三层洋楼。在清代，南京房屋均为矮小平房，市民对三层楼建筑视为奇观。如叫马车或人力车「去三层楼洋房」，则无论远近，无人不晓。

（6）[辛亥童子]指盛成（1899—1996），20世纪中国一位集作家、诗人、翻译家、语言学家、汉学家为一身的世界文化名人。11岁就读汇文书院，并加入同盟会，被称为「辛亥革命三童子」之一。

（7）金陵大学附属中学时期（1910—1937），是金陵中学历史发展的第二个时期。1910年，汇文书院与宏育书院合并为金陵大学堂，改中学堂为金陵大学附属中学。

（8）[杏坛]相传为孔子讲学处。

（9）[还我教权，华胄（zhòu）眉扬]「华胄」，华夏族（古代汉族自称）的后代。金陵中学原系美国教会创办，办学权一向操于洋人之手。刘靖夫为第一任华人校长。他在接任时勇敢地提出：「处理校务，须有全权。」并誓与同仁「一心一德」，「力图改进，终不落西人校长之尘后耳！」

（10）南京、四川两地办学时期是金陵中学历史发展的第三个时期（1937—1945）。抗日战争爆发后，金大附中校长张坊带领部分教员于1937年12月西迁四川万县办学，1941年9月还在四川成都举办驻蓉分班。少数校友在南京沦陷后，在学校原址坚持办学。

（11）[木铎他乡]铎，铃。木舌的铃。古代施行政教、传布命令时用之，也用于比喻宣传教化的人。「木铎他乡」，指在异乡办学。

（12）[碧空血洒，五生国殇（shāng）]彭仁忭、李鹏翔、孟广信、周竹君、陈镇和五位校友，均为中国空军飞行员、抗日航空烈士，在对日作战中血洒长空，英勇牺牲。「国殇」指为国家作战而牺牲的人。

（13）恢复金陵大学附属中学时期是金陵中学历史发展的第四个时期（1946—1951）。1946年秋，万县金中及其驻蓉分班与南京金陵中学合并，恢复金陵大学附属中学。

（14）[蜀宁璧合]「璧合」本指一种天象。《汉书·律历志上》：「日月如合璧」。后比喻众美毕集，相得益彰。这里指四川万县金陵中学与南京金陵中学合并。

（15）[钟山风雨，翻覆苍黄]借用毛主席诗句「钟山风雨起苍黄」，指南京解放。

（16）[百废待举，志在四方]20世纪50年代，共和国刚刚解放，面临大规模经济建设，金陵中学学生以参加第一个五年计划建设为荣，以建设祖国为己任。

（17）南京市第十中学时期是金陵中学历史发展的第四个时期（1951—1988）。1951年7月，金陵大学附中、金陵女子大学附中合并，定名为南京市第十中学，学校从此改为男女校，且私立改为公立。

（18）[雁列十行]「雁行」指并行，平列而有秩序。「雁列十行」指排序为十中。

（19）[冠笄（jī）共砚]「冠」，帽子，古礼男子年二十而加冠；「笄」，簪子（女子插在头发上的饰物），这里特指女子可以盘发插笄的年龄。「冠笄共砚」指男女共校。

（20）[海外赤子，归来同窗]共和国建立后，广大海外华侨纷纷送子女回国求学，先后在南京市第十中学学习的华侨学生多达400多人。

（21）[焚膏继晷（guǐ）]「膏」，油脂类，指灯烛；「晷」，日光。「焚膏继晷」指夜以继日地勤奋学习。

（22）南京市金陵中学时期是金陵中学历史发展的第五个时期（1988—2013）。1988年百年校庆，校友云集母校，为母校祝寿。同时学校恢复原校名金陵中学。

（23）[期颐（yí）]古称百岁为「期颐」。

（24）[腾骧（xiāng）]「骧」，原指马首昂举，「腾骧」指飞跃，奔腾。

19世纪末汇文书院建筑群，自左向右分别是西课楼、口字楼、钟楼和小礼堂。（摄于1890）

钟楼、礼堂、图书馆、口字楼、东西课楼、体育馆……在时时回响的悠扬的钟声里，叙述着东西文明的碰撞和融合，见证了近代教育的沧桑与传奇。

汇文楼、行知楼、行健楼、曹隐云科学馆、新体育馆、汇贤楼、汇智楼……在年年穿梭的青春的人流中，记载着生命与生命的精彩对话，镌刻了时代变迁的发展烙印。

金陵中学校园的建筑多彩多姿又质朴无华，它高低错落，疏密相间；更有那绿树成阴，紫藤缠蔓，芳草萋萋，四季花香，将学校的新老建筑衬托勾画，像一曲曲凝固的乐章，似一幅幅流淌的画卷，在金中人的记忆里萦绕不绝、挥之不去……

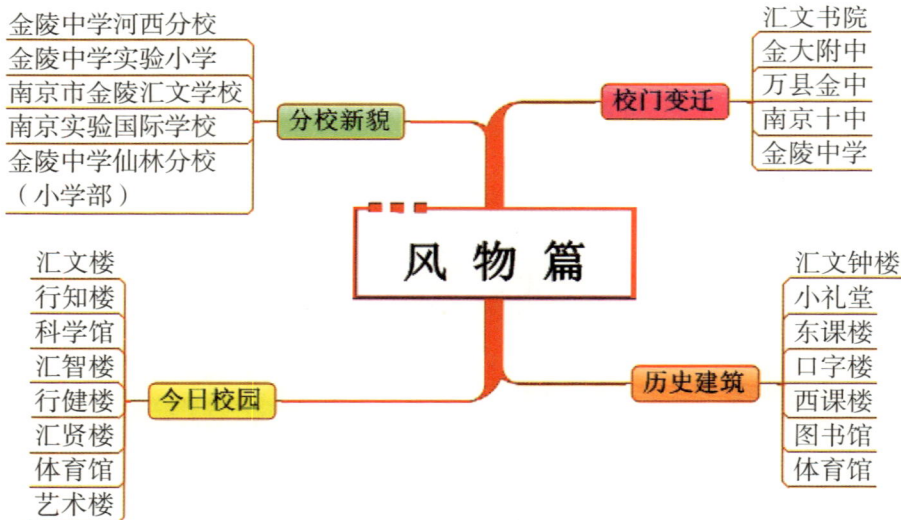

金陵中学河西分校
金陵中学实验小学
南京市金陵汇文学校
南京实验国际学校
金陵中学仙林分校
（小学部）

分校新貌

校门变迁

汇文书院
金大附中
万县金中
南京十中
金陵中学

风物篇

汇文楼
行知楼
科学馆
汇智楼
行健楼
汇贤楼
体育馆
艺术楼

今日校园

历史建筑

汇文钟楼
小礼堂
东课楼
口字楼
西课楼
图书馆
体育馆

清末汇文书院干河沿大门外景照片，依稀可见门牌"汇文书院"和校园内钟楼等建筑。

1910年金陵大学大门，左边门柱可见"分设中学"校牌。

1910年，汇文书院、宏育书院合并成立金陵大学。1910年是金陵大学的起始点。当时，金陵大学堂包括中学部和小学部，"分设中学"标志着金陵中学与金陵大学的同时诞生。

据史料，李瑞清1910年为金陵大学堂书写匾额，悬于干河沿校门上方。李瑞清(1867—1920)，字仲麟，号梅庵。江西抚州人。1905至1911年，他主持两江师范学堂六年，使之成为"江苏的最高学府，南方各省师范学堂的模范"。

1912年金陵大学堂大门，门前同时悬挂中华民国五色旗和美国星条旗。

按当时的习惯，来自美国的教会学校在悬挂美国国旗时，会同时悬挂中国国旗。金陵大学建校之初，恰逢中国政权更迭，清代的国旗黄龙旗、中华民国国旗五色旗都曾在此飘扬。

1912年元旦，孙中山在南京就任临时大总统，宣布成立中华民国，以五色旗为国旗。五色旗1911年12月初被提出，因其"五族共和"的内涵很快得到各方面的认同。据史料，在孙中山就任临时大总统前夕，沪军都督陈其美抢先将500面五色旗从上海运至南京，这是五色旗正式进入南京之始。然而，正式场合悬挂五色旗只能在其成为法定国旗之后。

作为美国教会学校的金陵大学，为表示支持和承认新的民国政府，在悬挂美国星条旗的同时，也悬挂了中华民国五色旗。

民国初年的金陵大学校门（孙熹圣珍藏照片）

1910年，金陵大学在鼓楼之西南坡购得土地，开始在新校址规划、建设校舍。1916年，大学部从干河沿迁入鼓楼新校舍，干河沿旧址遂为附属中学校舍。校名改为"金陵中学校"，门头五个颜体大字为何人所题，尚待考证。

金大附中校门 （1937年摄）

万县金中校门 （1938年摄）

1937年金陵中学西迁万县沙河子，当时金陵大学部分科系原来也准备搬来万县，因此万县金中校门上挂的是"金陵大学"校牌。后因金陵大学全部迁往成都华西坝，金陵大学校门口的大学校牌一直挂到1944年，才换成穆守志先生书写的"金陵大学附属中学"的校牌。

1938年汪伪政权在南京金陵大学内设立"临时大学"，在金陵中学内设立"临时中学"，图为1938年金陵中学内"临时中学"筹备委员会学生登记处招牌。

抗战胜利后，金陵中学从四川万县回迁南京，复校后校牌"金陵大学附属中学"由学校语文教师宋家淇所题。宋家淇是胡小石先生的学生，张坊校长称宋家淇所题书体"有点胡味"。

金陵大学附属中学校门（1950年摄）

1951年，学校改名为"南京市第十中学"，原朝向东北的干河沿老校门被砌封，重开了迎着中山路的新校门。起初校牌是用方方正正的美术体书写的，20世纪80年代初，校牌由爱好书法的王凡校长用行书题写。

南京市第十中学校门（1988年摄）

1988年是建校100周年纪念年，4月4日清明节，南京市人民政府正式批准恢复"金陵中学"校名。5月，杨祖恒校长赴北京邀请中国佛教协会会长赵朴初先生题写了校名。后由爱好篆刻的历史老师张铭放大拓印刻制成深咖啡底色的金字校牌。

金陵中学大门，校名由赵朴初先生题写（1988年4月摄）

金陵中学校门 （2008年摄）

　　1997年，因与南京大学合作成立免试直升南京大学的"南京大学实验班"，学校在原校门左门柱悬挂了"南京大学实验中学"校牌，文字由电脑刻绘而成。同时，金陵中学校牌也改漆为更醒目的白底黑字。

■ 历史建筑

据有关资料记载：1888年，美国基督教美以美会的傅罗（美籍）来到中国，在南京干河沿1号（金陵中学今址）创办汇文书院（金陵大学与金陵中学前身），委任福开森为第一任院长。书院的建筑是由美国教会委托美国建筑师设计，由近代南京建筑业之首的陈明记营造厂承建。同年春建钟楼(据称是福开森亲自设计的)，后又陆续建了礼拜堂（小礼堂）、青年会堂（图书馆）、东课楼和西课楼（教室）、口字楼（宿舍）等校舍。

金陵大学堂正式组建于1910年，校址就设在汇文书院，这是当时的照片。

1925—1926年期间的金陵大学附属中学全景（美国耶鲁大学神学院图书馆资料）（1966届校友陈农恩提供）

汇文书院钟楼

　　汇文书院钟楼于1888年春季美国基督教美以美会的傅罗创办汇文书院时建造。

　　据考证，此图为汇文书院首任院长福开森保存的钟楼照片，上书Fowler Biblical School，即傅罗神学院，为汇文书院三学院之一。

　　钟楼属于美国殖民时期的建筑风格主体建筑为三层楼，钟塔为四层建筑，整体对称，墙面为青砖，主楼东西两间房设有壁炉和烟囱。

　　汇文书院钟楼是南京市19世纪末的最高建筑，也是基督教在南京建造的现存最早的学校建筑。因为该钟楼是当时南京最早的多层高楼，名气很大，所以"三层楼"就成了钟楼的代名词。当时行人问路、雇车，如果找汇文书院不知，找"三层楼"则皆知。

20世纪20年代重建的钟楼

1917年9月钟楼屋顶失火，由美国教会拨款重建。

汇文书院钟楼重建时主体建筑为二层，原第三层改为阁楼。大钟在最高层。屋顶由双折顶改为四坡顶，木结构，阔开间，拱形窗，青砖墙，红砖发券并嵌线，檐口和勒脚以简约的线脚装饰，屋顶四沿设老虎窗，南面中轴建有四层钟塔，顶层钟亭当中置有一口美国贝尔铸造公司铸造的高1.3米、直径1.4米的"博尔登教堂大钟"。钟楼得名于此。

钟楼产权在渡江战役前一直为美国教会所有，南京解放后属于中华人民共和国政府。1951年归南京市第十中学（金陵中学前身）所有。

汇文书院钟楼于1991年被国家建设部、国家文物局评为近代优秀建筑。2006年作为金陵大学旧址成为国家重点文物保护单位。

钟楼长期是学校的行政办公楼，楼上也曾做过教室和教师宿舍；钟楼曾以其设施先进而作为贵宾接待室。蔡元培、徐悲鸿、宗白华等大师级人物常在此"温暖聚会"；1937年12月13日，日寇占领南京，钟楼的地下室曾作为藏匿和保护妇女免遭日寇蹂躏的处所；2003年建校115周年之际，校史馆迁至钟楼，门匾上的馆名是陈裕光先生（原金陵大学校长）1988年亲笔题写。2012年钟楼维修后，根据文物保护的要求，重新恢复为行政办公楼。

钟楼的"博尔登教堂大钟"

　　金陵中学钟楼钟亭的大钟，为"博尔登教堂大钟"（BOWLDEN CHURCH BELL）。产于美国密歇根州诺斯维尔（NORTHVILLE MICH.U.S.A）美国贝尔铸造公司。根据大钟铭文格式分析，这口大钟应该是1899年或之前的产品。对金陵中学而言，这个19世纪末的洋古董，是当年在中国学校中已开始实行现代式教育的一个见证，所以是无价之宝。

　　2012年，汇文书院钟楼作为国家级文物进行了保护性维修。在谢金才敩友的帮助下，修复了该钟原有的两种敲钟模式。

小礼堂

　　原汇文书院礼拜堂建于1888年，平房，大坡度屋顶为欧美乡村小教堂样式，扶壁式砖墙柱又有哥特建筑痕迹，呈朴素的静态美。

　　左图为摄于1937年前的金大附中时期小礼堂北门正西侧近景。（由校友夏道生提供）

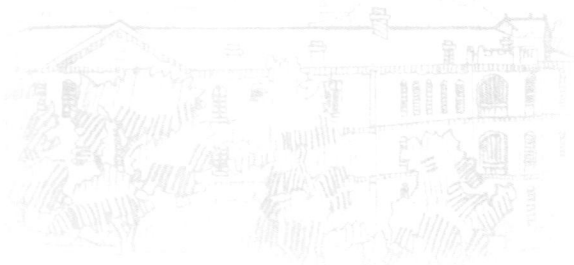

东课楼和西课楼

原汇文书院东课楼，建于1893年，楼有三层，阁楼一层，建筑面积3344平方米。门廊直通上下两层，拱券门，其中南面踏道直通二楼。屋顶设有老虎窗，线脚简练。

原汇文书院西课楼建于1893年，楼两层，木结构，门廊前伸。拱形门多个，门廊上是带扶栏的二楼阳台。青砖墙，红砖发券并嵌线，檐口和勒脚以简化的线脚装饰，为美国殖民时期建筑样式。

原金陵大学附属中学体育馆（建于1934年，摄于1937）

1937届校友夏豫生于体育馆东大门南侧的近景照片（由1949届校友夏道生提供）

体育馆

　　原金陵大学附属中学体育馆，建于1934年。金大附中体育馆系向社会各界募捐（三万五千大洋）而兴建，位于钟楼西南部，坐西朝东，砖木结构。三角形木屋架，屋顶覆盖波形铁皮瓦，四周墙壁开有拱券形窗户。主跨为一层，附跨为二层，建筑面积696平方米；主跨高21米，南北长32米。体育馆入口处建有门廊。大门北侧镶嵌有奠基石一方，上面用楷书竖刻"国内人士，众力奠成，体育宏基，念兹在兹，刊石纪功，永矢弗谖。廿三年八"字样。正门顶上"体育馆"三字为时任国民政府主席林森所题写。1935年9月28日举行启门典礼，首都马市长亲自剪彩。

口字楼

　　口字楼是汇文书院在19世纪末建造的配套校舍之一。据原碑文记载，口字楼建于1893年，原名"哮吟寝室"（也称"哮吟堂"）。它是一座四方环绕的楼房，当中留有一个大天井，平面图呈"口"字形，所以俗称"口字楼"。

20世纪初的口字楼（哮吟堂）南面

　　口字楼最初是两层楼，20世纪初加为三层楼。一楼的几个侧面都开有门，东门与西门可以穿堂而过。口字楼门廊和每层楼窗户的形状与钟楼、图书馆的风格相一致。一楼是食堂，二楼、三楼是单身教师和学生的宿舍。

口字楼东侧

图书馆

图书馆亦称作琥珀厅，建于1902年，曾经是青年会和金大图书馆的所在地。楼为两层，木结构，门廊前伸。拱形门多个，门廊上是带扶栏的二楼阳台。青砖墙，红砖发券并嵌线，檐口和勒脚以简化的线脚装饰，为美国殖民时期建筑样式。

20世纪80年代，图书馆成为危楼。现图书楼为1988年拆除危楼后依原图纸原材料向西平移20米重建。

金陵中学校园远眺，照片中前部建筑为今金陵神学院，中部建筑群为金陵大学附属中学建筑群，从左往右分别是西课楼、口字楼、钟楼、小礼堂、东课楼。再右侧为汇文女中（今人民中学）建筑。正后方背景为紫金山。本图片来自美国耶鲁大学神学院图书馆的老照片。（1966届校友陈农恩提供）（摄于1911）

四川万县金中校舍

　　1937年抗战爆发后，金陵中学随金陵大学西迁四川万县，在西郊约七华里的沙河子杨家花园继续办学。杨家花园就在沙河岸边半山腰，是一家姓杨豪富的私人花园，面积较大，房舍较多。由于杨某家道中衰，由万县县政府购得，作为万县孤儿院的劳动工厂。金陵中学来后，便让出右边的三分之二为校舍。经过修缮，也就能勉强应付战时局面。以后在食堂上面盖楼作为男生宿舍，把浴室附近的凉亭装上木板墙壁作为图书室，向学生家长募集了大批图书，有了个可阅览的地方，学校也就略具规模了。

万县金中建筑一角

万县金中图书馆

■ 今日校园

汇文楼，建于1978年，建筑面积2148平方米。该楼因金陵中学源于汇文书院而命名。现为国际部教学用楼。

行知楼，1986年建成，建筑面积1856平方米。该楼因纪念著名校友、人民教育家陶行知而命名。（摄于1988）

汇智楼（学生公寓），建于1993年，1994年竣工，建筑面积2957平方米。2011年进行了抗震加固改造。

曹隐云科学馆，1995年，由香港苏浙同乡会出资人民币200万元，作为启动资金，基建部分由市财政和学校共同出资2000多万元。建于口字楼旧址。1996年1月竣工，总面积6130平方米，校友程千帆先生为曹隐云科学馆题写了纪事碑文。

2008年，重新装修以迎接120周年"双甲"校庆。

行健楼与汇贤楼，2000年，因学校发展需要，在原东课楼和小礼堂旧址上，兴建教学楼和行政办公楼。2001年落成投入使用。

教学楼取名"行健楼"，是以1957届校友、2000年诺贝尔文学奖获得者高行健的名字命名，并含"天行健，君子以自强不息；地势坤，君子以厚德载物"之意。建筑面积5760平方米。

行政楼取名"汇贤楼"，取"名师荟萃，群贤毕至"之意。建筑面积3136平方米。

行健楼与汇贤楼航拍照片

　　艺术楼，建于原西课楼旧址。2004年6月竣工，建筑面积3842平方米。主要用于音乐和美术专用教室、排练房、演出厅。2013年，二楼以上门厅改造成校史陈列馆和恽宗瀛艺术馆。

　　体育馆，建于原体育馆旧址，2004年落成，建筑面积2710平方米。一楼为乒乓球馆和健身房，二楼为篮球馆。

　　体育馆二楼为篮球馆，是金陵中学女子篮球队训练专用场馆。

■ 分校新貌

金陵中学河西分校

　　金陵中学河西分校位于南京市河西新城，由百年老校金陵中学和南京市河西新城国资集团于2003年9月共同创建。目前拥有小学部、初中部、高中部和国际部，教职工458人，在校学生4866人。创建10年，学校发展成为一流名校。

　　条件优越，堪称市区最好学校之一。占地230亩，规模宏大；绿化面积达45.6%，环境优美；现代化教学和数字化管理，设施一流；八处奥运景点，文化气息浓厚。是南京市青奥示范学校和南京市现代化示范学校。

　　举措创新，走在教育改革前列。管理重在建构现代学校制度体系，实现依法治校；教学重在推进课程教学改革，开展自主学习；教育重在"生活为源，生命为本；德育为先，能力为重"；师资重在打造优秀教师团队，培养管理骨干、教学骨干、班主任骨干；学生培养重在制订生涯规划，培养社会英才。

　　成绩卓著，赢得社会良好声誉。教学成绩斐然，10年培养3个南京市中高考状元，连续三年同时获得南京市"高中教学质量评优综合奖"和"高考质量推进单项优秀奖"，本科上线率超过80%。创新教育彰显特色，每年有20%以上的学生获得各类奖项。是南京市首批星光计划项目学校，江苏省科普教育基地，江苏省信息奥赛和模型活动培训基地，南京市"现代化示范学校"。

　　李源潮同志参观学校时说"河西模式是一个很好的范例"，罗志军同志称赞学校为"南京教育的品牌，南京城市的品牌"。

金陵中学河西分校西大门

河西分校校园剪影

金陵中学实验小学校门

金陵中学实验小学的美丽校园

金陵中学实验小学

　　金陵中学实验小学是由南京市建邺区教育局和百年名校金陵中学合办的一所"现代化、国际化、特色化"小学，位于南京市现代化标志区——河西新城中部，占地3万平方米，建筑面积2.5万平方米，环境优美，设施一流，艺术馆、体育馆、书画院、自然科学馆、英语园等特色教育室功能完备，拥有一支以特级教师、市学科带头人、市青优为领头雁的优秀教师队伍。学校现有14个教学班，36名教师，507名学生。学校秉承金陵中学"求真、求善、求美"的优良传统，以"均衡双语、多元文化"为办学宗旨，致力于探索中国传统文化和语言教育与世界优秀国际化课程相交融的创新教育模式，凸现英语、艺术、创造和绿色教育等办学特色，关注每一个孩子的成长需求，挖掘每一个孩子的发展潜能，努力为学生提供愉快、友好、创新并体现东西方文化完美融合的教育环境，为培养有中华传统文化底蕴和全球化视野的国际化创新型人才奠定基础。

南京市金陵汇文学校

南京市金陵汇文学校肇兴于2008年秋，是鼓楼区政府倾力打造，金陵中学和拉萨路小学实施办学的优质九年制公办学校，是金陵中学高中部的生源基地。这所高起点、高品位、高期望、高质量的学校坐落于浩瀚的长江之滨，校园环境优美、典雅。目前中学部三个年级共计1500多名学生，130多名教职工。学校因金陵中学的前身——美国基督教会美以美会于1888年创办的汇文书院而得名，传承百年金中丰厚的文化底蕴，以"汇"为核心文化理念，融汇天下文化之精华，致力于培养德智体美全面发展，具有国际视野，具备融汇整合创新能力的国家栋梁之材。

金陵汇文学校办学以来，学生全面发展，精神面貌和文明举止得到社会各界的称赞，各项成绩在鼓楼区名列前茅。江风浩荡，金陵汇文学校崛起于河西这片热土，她必将创造属于自己的辉煌！

南京市金陵汇文学校校门

南京市金陵汇文学校全貌

南京实验国际学校

南京实验国际学校（即南京晓庄学院附属学校）是1992年南京市教育局批准成立的，由南京晓庄学院主办的，按国有民办体制运转的、寄宿制的现代化实验学校。是目前南京市民办学校中唯一一所拥有学校自己的独立校区、校舍、产权明晰（国有）、没有债务的民办学校。

学校有晓庄和高新和方山三个校区，设中学部和两个小学部、幼儿园。学校占地97亩，总建筑面积5万多平方米，拥有资产近亿元。小学一部位于伟大的人民教育家陶行知先生纪念馆旁，中学部和小学二部坐落在南京高新技术产业开发区，与南京大学、东南大学毗邻；幼儿园坐落在江宁大学城内。学校环境优美雅静，文化氛围浓厚，交通便捷通畅，备受学子们的青睐，是享受优质教育、植德树人、修身成才、健康发展的理想学苑。

2008年南京实验国际学校和南京市金陵中学实行联合办学，由金陵中学承办南京实验国际学校中学部，成立金陵中学课改实验学校，全面实施教育教学管理。几年来教学成果斐然。

南京实验国际学校校门

南京实验国际学校中学部教学楼

金陵中学仙林分校（小学部）

　　金陵中学仙林分校小学部2012年9月开门办学，由栖霞区人民政府、仙林大学城管委会、南京市教育局与南京大学四方合作创办，为区属公办学校，未来办学规模为8轨48个班，实行小班化教学。小学部占地68亩，建筑面积达到47555平方米，教学设备先进齐全，校园布局设计现代化、人性化。学校地处仙林大学城，周边知名高校林立、东濒碧波荡漾仙林湖，西临景色秀丽的九乡河湿地，北眺枫红桂香的栖霞山景，沐秋枫禅韵之润泽。校园枕山邻湖，环境幽雅，堪称读书治学佳境。

大气庄重的校门全景

金陵中学仙林分校小学部教学楼

园丁篇

金陵中学建校一百周年纪念

1888 — 1988

十年树木，百年树人。老师是学校百花园中的园丁。
一百多年来，金中始终有一支高水平的师资队伍，
他们中有教育大家、有学术大师，更多的是默默无闻辛勤耕耘者。
他们润物无声，精心育人。
他们播种理想，灌输科学。
为社会、为民族、为人类培育了一代代优秀人才……

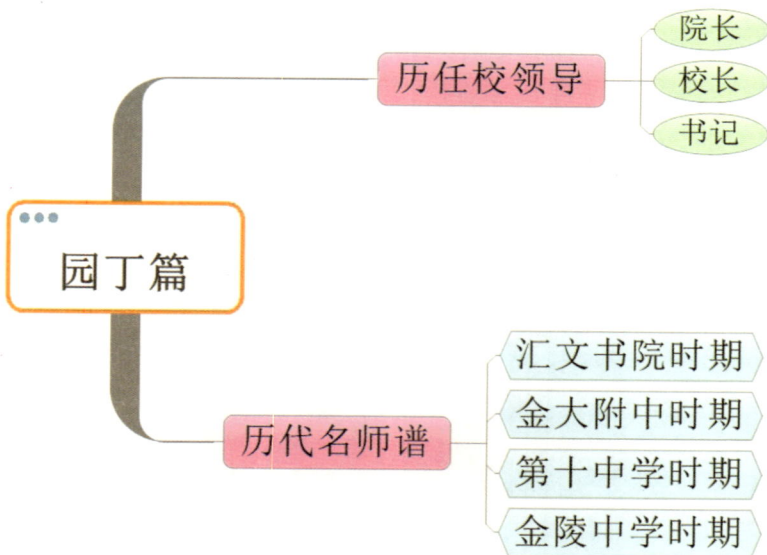

园丁篇

历任校领导
- 院长
- 校长
- 书记

历代名师谱
- 汇文书院时期
- 金大附中时期
- 第十中学时期
- 金陵中学时期

■ 历任校领导

福开森
（John CaLvin Ferguson）
1888—1897
汇文书院院长

师图尔
（G.A.Stuart）
1897—1908
汇文书院院长

包文
（A.G.Bowen）
1910—1917
汇文书院院长

文怀恩
（J.E.Williams）
1894—1927
益智书院院长、宏育
书院副院长
金陵大学副校长

美在中
（F.E.Meigs）
1891—1910
基督书院院长、宏育
书院院长
1908—1910
金陵大学堂附中主任

威尔逊
(W.F.Wilson)
1917—1924
金大附中校长

刘镜澄
1924—1926
金大附中代校长

刘靖夫
1927—1929
金大附中校长

张坊
1929—1950
金大附中校长

贝德士
（Bei Deshi, Miner Searle
Bates）
1940—1942
鼓楼中学校长

陈嵘
1950—1951.7
金陵补习学校、鼓
楼中学、同伦中学
代理校长、校长

王佐周
1939—1945
金大附中代理校长

刘开荣
1951.7—1954.7
南京市第十中学校长

李震
1951.7—1952.8
中共南京市第十中
学支部书记
1952.9—1954.7
南京市第十中学校
长

周家瑞
1954.8—1956
南京市第十中学第一
副校长（主持工作）

李治中
1956.9—1957.4
南京市第十中学第一副
校长（主持工作）
1966.3
南京市第十中学校长
1975.7—1977.5
南京市第十中学革委会
主任

李执
1957.5—1958.7
中共南京市第十中
学支部书记兼校长

贾其锐
1959.8—1960.10
中共南京市第十中学
支部书记兼校长

林敏
1960.10—1966.3
中共南京市第十中学
支部书记兼校长

王民
1969.12—1971
南京市第十中学革
委会主任

杨运清
1977.5—1982.9
南京市第十中学革委
会主任、校长

王凡
1982.9—1987.1
南京市第十中学校长

岳燕宁
1987.1—1987.6
南京市第十中学副校
长（主持工作）
2000.6—2002.1
金陵中学校长

陈正祥
1987.6—1991.12
中共南京市第十中学
总支书记兼校长
中共南京市金陵中学
总支书记兼校长

黄重国
1990.7 —1991.12
中共金陵中学总支书
记
1991.12 —1995.3
南京市金陵中学校长

杨祖恒
1995.4 —2000.1
南京市金陵中学校长

丁强
2002.1 —2007.11
南京市金陵中学校长

邹正
2007.11至今
南京市金陵中学校长

郑斌
1954.7—1956.5
中共南京市第十中学
支部书记

孙颖
1956.8—1957.1
中共南京市第十中学
支部书记

华才甫
1968.9—1971.8
中共南京市第十中学
支部书记

郜毓勤
1971.9—1972.8
中共南京市第十中
学支部书记

欧阳仪
1973.12—1977.5
中共南京市第十中
学支部书记

韩冲
1977.5—1982.5
中共南京市第十中学
支部书记

唐碧辉
1982.10—1987.3
中共南京市第十中
学支部书记

王桂芳
1991.12—1994.6
中共南京市金陵中
学总支书记

朱梦斋
1994.6—1999.10
中共南京市金陵中
学总支书记

王次伍
1999.10—2007.11
中共南京市金陵中学
党委书记

尤小平
2007.11—2010.9
中共南京市金陵中学
党委书记

刘前树
2010.9—2012.3
中共南京市金陵中学
党委书记

沈方晓
2012.3至今
中共南京市金陵中学党
委书记

■历代名师

马林（1860—1947）
（William E. Machlin）
　　加拿大籍传教士兼医生，1886年来南京汇文书院医学馆传教，同时行医，开设马林诊所。1887年，美国基督教会，决定集资为他建一所教会医院。1892年，创办"基督医院"任院长，所以南京人俗称马林医院。

韩安（1883—1961）
　　字竹坪，安徽省巢县人。1898年就读于南京汇文书院，1904年毕业后留校任教。

李自芳（1882—? ）
　　字仲翔，广东台山人。淹通经史，殚精西学，京师高等巡警学堂毕业。汇文书院聘李自芳为国文总教习。民国二年，被选为参议院议员。国会解散后，归乡里从事公益事业，绝意政治。生平曾广置图书，能诗善文，长于古琴的抚奏和收藏。

黄荣良（1876—? ）
　　字子诚，安徽无为人。毕业于南京汇文书院，旋任该校教授，后赴美国留学。1906年毕业回国，任驻英国公使馆二等通译官。1909—1912年任驻新西兰领事馆第一任领事、澳大利亚总领事。1920年10月，任驻奥地利全权公使。1922年奉派为驻国际联盟代表。1926年3月离职回国引退。

金大附中时期名师（1910—1951）

戴安邦（1901—1999）
金大、南大教授
1921年兼任金大附中物理和化学教师

王绳祖（1905—1990）
金大、南大教授
1923年毕业于金陵大学附中
1929年担任金大历史系助
教，兼金大附中历史教学

许国梁（1908—1989）
苏州大学教授
1930年任金陵大学物理系副教授，兼任金大附中
物理教师

曾昭燏（1909—1964）
南京博物院院长
1933年曾在金大附中任国
文教员

孙明经（1911—1992）
北京电影学院教授
1929—1936年先后在金陵中学兼
任理化教员和实验室主任

徐绍武（1902—1995）
南师大教授
1927年任金大附中体育教师

张剑秋（1892—1955）
著名国文教师
两江师范毕业后，任教金
大附中国文和历史教师

何锡瑕（1905—? ）
东南大学教授
抗战后，曾任金陵中学英
语老师、教务长
建国后，调往南京工学院
任教授、外语系主任

程千帆（1913—2000）
南京大学教授
1936年毕业于金陵大学。历任金陵中学国文教师，金陵大学、四川大学、武汉大学教授

周伯埙（1920—2009）
南京大学教授
1942年毕业于金陵大学数学系。历任金大附中数学教师，金陵大学副教授，南京大学副教授、教授，数学系主任，图书馆馆长

江乾耀（1905—?）
美国意利诺大学硕士，金大附中英语教师，后任岭南大学教授、翻译家

濮光弟
江苏南京人，抗战前任金大附中数学老师

王实铭
金大附属中学化学老师，科学部主任
后到宁波四明中学任校长

沈 超
南京师范大学教授
金大附中数学教师

汤文耀（1901—? ）
金大文学士，金大附中体育教师

魏修徵
金大附中英语教师

孙良骥
金大附中英语教师
后任解放军外语学院
教授

闵叔骞（1919—2010）
金大附中美术教师
后任南京师范大学美
术系教授

常琢之（1895—1947）
抗战期间在四川万县金
中任美术和劳作教师

王佐周（1899—）
金大附中英语教师
1939—1945年，金大
附中代理校长
1951年任南京市第十
中学副校长

南京十中时期名师（1951—1988）

向培豪（1900—1989）
数学教师（中教一级）

唐绍密（1914—1998）
物理教师（中教一级）

卢崇烈（1914—?）
物理教师（中教一级）

宋家淇（1914—1989）
语文教师（中教二级）

孟昭华（1921—2012）
物理教师（中教二级）

黄 铖（1909—1971）
生物教师（中教三级）

章明华（1922—2013）
数学教师（中教三级）、
教导主任、副校长

段茂光（1919— ）
历史教师（中教三级）

王毅（1920—2005）
地理教师（中教三级）

王永芬（1910—2005）
历史教师（中教三级）

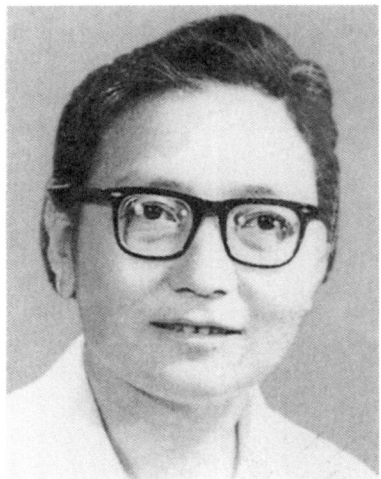

张学华（1927— ）
化学教师（中教三级）

纪　珣（1923—2009）
体育教师（中教三级）

金陵中学时期名师（1988年至今）

恽宗瀛（1921— ）
江苏省美术特级教师
南京市首批基础教育专家

金立健（1940— ）
江苏省数学特级教师

杨祖恒（1941—2000）
全国优秀教育工作者
江苏省德育特级教师
江苏省首批名校长

岳燕宁（1941— ）
江苏省物理特级教师
江苏省有突出贡献的中青年专家
南京市首批基础教育专家

喻旭初（1941— ）
江苏省语文特级教师
南京市行知教学奖
江苏省青少年写作研究
会副会长
南京市中语会会长

潘慰高（1943— ）
江苏省数学特级教师
南京市中学数学学科带
头人
中国数学奥林匹克高级
教练员

笪希文（1944— ）
江苏省数学特级教师
南京市中学数学学科带
头人
中国数学奥林匹克高级
教练员

丁强（1949— ）
教授级中学高级教师
南京市地理学科带头人

朱建廉（1955— ）
江苏省物理特级教师
江苏省教授级中学高级
教师
江苏省"333工程"培
养对象

王鼎宏（1955— ）
江苏省政治特级教师
江苏省教授级中学高级
教师
全国模范教师
全国德育先进工作者

王苏豫（1959— ）
江苏省教授级中学高级教师
南京市生物学科带头人
南京市班级管理先进个人
南京市高中教学先进个人

陈柏华（1960— ）
江苏省语文特级教师
南通市高中语文学科带
头人
南通市中青年名教师

徐锐（1961— ）
江苏省物理特级教师
南京市中学物理学科带头人
南京市优秀青年教师

苏华（1962— ）
江苏省心理特级教师
南京市中学心理学科带头人
江苏省"333工程"培养
对象
南京市中青年拔尖人才

邹正（1962— ）
国家督学
江苏省化学特级教师
江苏省教授级中学高级
教师
南京市有突出贡献中青
年专家
江苏省"人民教育家"
培养对象

李惠娟（1962— ）
江苏省化学特级教师
江苏省教授级中学高级
教师
南京市有突出贡献中青年
专家
江苏省"人民教育家"
培养对象

尤小平（1962— ）
江苏省教授级中学高
级教师
江苏省数学特级教师
现任南京市第一中学
校长

陈益（1962— ）
江苏省教授级中学高级
教师
南京市中学化学学科带
头人
全国高中新课程实施先
进个人

江敏（1963— ）
江苏省化学特级教师
全国优秀教师
全国巾帼建功标兵
江苏省劳动模范
江苏省中小学优秀党员标兵

陈连余（1963— ）
江苏省物理特级教师
南京市中学物理学科带
头人

张松年（1964— ）
江苏省数学特级教师
南京市中学数学学科带
头人
南京市优秀青年教师

宋辉（1964— ）
江苏省数学特级教师
江苏省"人民教育家"培养
对象
现任南京市中华中学副校长

蒋桂林（1965— ）
江苏省教授级中学高级教师
（生物）
现任南京市第一中学副校长

金陵中学自1888年创办至今125周年，
先后有毕业生5万多人，其中出类拔萃者数以百计。
在历史的长河中，他们像璀璨的群星，在各自的领域里散发出耀眼的光芒。
他们是科学精英、学术大师、治国栋梁、兴业之士。
他们为民族振兴、国家富强、科技发展、文教繁荣、经济建设与社会进步做出了重要贡献。
他们是金中的学子，是金中人的骄傲。

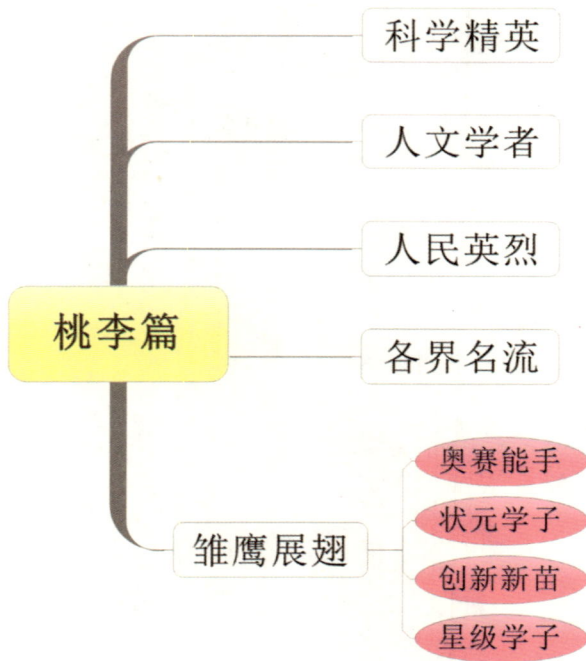

科学精英

人文学者

人民英烈

各界名流

桃李篇

雏鹰展翅

奥赛能手

状元学子

创新新苗

星级学子

韩 安（1883—1961）

安徽巢县人，1895—1904年就读于汇文书院中学部、大学部，1904年毕业后留校任教。著名林学家，中国近代林业开拓者之一，他主持创建中国第一个林业科研机构中央林业实验所，他重视林业科研教育、森林资源调查、树木定名修志，培养了大量林业人才，为中国近代林业建设做出了重要贡献。

陈 嵘（1888—1971）

浙江安吉人，中国同盟会会员。金陵大学森林系教授、系主任。1939—1945年任金陵补习学校、鼓楼中学、同伦中学、南京金陵中学负责人。著名林学家、林业教育家、树木分类学家、中国近代林业的开拓者之一，中国树木分类学的奠基人之一，培养了大批林业人才。

陈　桢 （1894—1957）

江苏邗江人，1911—1916年就读金大附中。动物学家、遗传学家、教育家，中央研究院院士、中国科学院院士。中国动物遗传学的创始人和运动行为学、生物学史研究的开拓者。

吕彦直 （1894—1929）

安徽省滁县人，中国近代杰出的建筑师。1902年随其姐吕静宜居巴黎数年。回国后，先后在南京汇文书院、北京五城学堂学习。1913—1918年由北京政府派赴美国康奈尔大学攻读建筑工程。吕彦直曾担任北京燕京大学、南京金陵大学、中山陵、广州越秀山中山纪念堂和中山纪念碑的建筑设计。这些富有中华民族特色的大型建筑组群，是我国近代建筑中融汇东西方建筑技术与艺术的代表作，在建筑界产生了深远的影响。

任廷桂（1894—1966）

　　江苏南京人，早年半工半读于南京汇文书院，完成中学及医学预科学业升入医学本科。1921年毕业，获医学博士学位。是我国胸外科的早期奠基人之一。抗日战争胜利后，先后被上海市政府和上海市人民政府聘为市卫生局外科顾问，历时20年。是上海市第二、三、四、五届人大代表。

王家楫（1898—1976）

　　江苏奉贤人，1917年毕业于金大附中高中。动物学家，中国原生动物学的奠基人。中央研究院院士、中国科学院院士。对中国原生动物学的创建与发展做出了重要贡献。

诸福棠 （1899—1994）

江苏无锡人，1918—1919年就读金大附中。中国儿科学的奠基人，毕生致力于儿童保健、儿童营养和儿科医疗工作。1952年6月1日诸福棠等把私立北平儿童医院无偿交给国家。1956年，诸福棠当选为中国科学院首批生物学部委员（现称院士）。

陈封怀 （1900—1993）

江苏南京人，1919—1922年就读于金陵中学。著名植物分类学家，中国近代植物园创始人之一，被誉为中国近代"植物园之父"。

陈鸿逵（1900—2008）

广东新会县人，1922年高中毕业于金陵中学。植物病理学家，农业教育家。长期致力于植物病理的教学和科研工作，在高粱、洋麻炭疽病害，黄麻立枯病害，油菜、水稻病毒病害的研究上取得了卓有成效的成果。他是我国植物病害检疫工作的奠基人之一。

戴安邦（1901—1999）

江苏丹徒人，20世纪20—30年代任教金大附中。无机化学家，化学教育家。中国科学院院士。他致力于化学教育和科学研究70年，曾担任南京大学化学系主任，培育了中国几代人才。是中国配位化学的倡导者和奠基人。

黄瑞纶（1903—1975）

　　河北任丘县人，1923年夏毕业于金大附中。著名的农业化学家，我国农药科学的先驱者之一，植物性杀虫药剂化学研究的奠基人。在中国农业大学建立起我国第一个农药专业。长期任中国化学会常务理事，中国植物保护学会副理事长，中国农业科学院学术委员会委员。

赵敏学（1906—2009）

　　江苏南京人，1924年毕业于金大附中。解剖学家，社会活动家。建国前曾任中央大学教授、上海东南医学院教授兼解剖学科主任。建国后，历任安徽医学院教授、人体解剖学教研组主任，中国解剖学会理事、安徽分会理事。曾担任安徽省政协副主席和人大常委会副主任，民盟中央委员、安徽省委副主任委员。是第三、五、六届全国人大代表。

吴友三（1909—1997）

  浙江余姚人。少时就读于南京第一中学，后转入金大附中。植物病理学家，农业教育家。他在小麦抗锈育种上培育出十多个品种，对我国东北麦区做出了突出贡献。在小麦秆锈菌生理小种分离、鉴定，小麦耐锈性特点和机制的理论研究上取得了重要成果。

陈恩凤（1910—2008）

  江苏句容人，1929年毕业于金大附中。我国著名土壤学家，农业教育家。长期从事土壤科学的教学和科研工作，在土壤地理、土壤改良和土壤肥力方面有重要贡献。提出以水肥为中心改良盐碱土的综合措施。曾任沈阳农学院院长。

孙明经（1911—1992）

江苏南京人，1929—1936年在金陵中学任教。中国著名电影摄影家、电影教育家先驱，中国电影电视高等教育开山宗师，联合国教科文组织成立时首批中国委员会委员。1922年首开中国电化教育，创办金陵大学"电影与播音专修科"，开始了中国电影高等教育和中国播音高等教育，为中国培养最早期的电影和播音专业人才。"电影"、"电视"中文译名的确定者。曾主办《电影与播音》杂志。

侯学煜（1912—1991）

安徽省和县人，1928—1933年就读于金中。中国著名植物生态学家、地植物学家，中国科学院院士。侯学煜长期从事地植物学、植被制图、植物生态学等研究工作。1980年11月当选为中国科学院生物学部学部委员，后被选为学部常委。曾荣获1993年度中华绿色科技奖特别金奖荣誉。

汤于翰（1913— ）

　　浙江宁波人，1913年生于香港，30年代初毕业于南京金大附中。由于其在癌症与心血管病防治方面贡献突出，被评选为伦敦皇家内科医学院院士、爱丁堡皇家内科医学院院士，成为最早获得这两大殊荣的中国学者之一。同时，他还被授予国际外科医学院院士、美国胸腔科医学院院士、美国心脏科医学院院士。1999年，荣获全球杰出华人医学家金龙奖。

萧家捷（1914—2005）

　　江苏南京人，1933年毕业于金陵中学，1937年毕业于金陵大学化学系。曾任中央工业试验所技师、上海酿造厂厂长。筹建了我国第一个食品试验室。他是中国食品营养领域的资深专家，连续三届担任儿童食品分会的理事长，是我国儿童食品科技事业的重要创始人之一。在糖果、乳品、果蔬罐头、速冻果蔬、罐头涂料等研究中做出贡献。

方中达（1916—　　）

上海人，1932—1936年就读于金大附中。是植物病理学家，农业教育家。专长于植物病原细菌学，尤其是水稻白叶枯病的研究中，首次证实该病传播媒介、侵染途径、水稻品种抗病性机理及菌系分化等重大成果，在国际上享有很高声誉。

王金陵（1917—　　）

江苏徐州人，1936年高中毕业于金大附中。中国大豆育种学家和农业教育家，是我国大豆杂交育种的开拓者，享有"北豆之父"的美誉。曾任黑龙江省副省长、全国人大常委、民盟中央常委会委员。

杨槱（1917— ）

江苏句容人，1930—1932年就读于金大附中。船舶设计家、教育家和社会活动家、中国科学院院士。是电子计算机辅助设计、船舶技术经济论证及船舶运输系统分析等船舶设计新学科的开拓者和中国船史研究学科的奠基者。为中国现代船舶工业的发展和人才培养做出了重要贡献。

吴仲华（1917—1992）

江苏苏州人，1933—1935年就读于金大附中。工程热物理学科创始者和奠基人，中国科学院院士，中国科学院主席团执行主席、名誉主席。中国科学院工程热物理研究所第一任所长。创立了叶轮机械三元流动通用理论。参与国家能源动力战略研究与决策，倡导总能系统与能源战略构思，研究发展燃气轮机及联合循环。

陈梦熊（1917—2012）

江苏南京人，1931—1936年就读于金大附中。中国著名水文地质学家，中国科学院资深院士。长期在地矿部水文地质工程地质局担任副总工程师职务，主管水文地质科技业务，领导完成全国区域水文地质普查工作。上世纪80年代以来，又致力于地下水资源与环境水文地质问题的研究。

林同骥（1918—1993）

福建福州人，1933—1937年就读于金大附中。中国著名空气动力学家，流体力学家，中国科学院院士。1955年参与创建中国科学院力学研究所，在弹性力学、稀薄气体力学、高超声速、跨声速空气动力学和不可压缩流体动力学等广泛的领域中都有重要的研究成果，为中国航天事业和海洋工程的发展做出了贡献。

陈学俊（1919—　）

安徽滁县人，1931年就读于金大附中。热能动力工程学家，中国多相流热物理学科奠基人，中国科学院院士，第三世界科学院院士。他是中国锅炉专业、热能工程学科的创始人之一。曾任陕西省人大常委会副主任，九三学社中央委员会副主席，全国政协常委。

黄孝宗（1920—　）

湖北汉阳人，华裔美国人，1938年高中毕业于金大附中。世界级权威火箭航天专家、航天科学家、美国NASA阿波罗计划登月器动力总工程师、美国航太推进系统公司总工程师，美国国家科学院院士。英国剑桥国际传记中心（IBC）将他列为"二十世纪杰出科学家"。

徐僖（1921—2013）

　　江苏南京人，1937—1938年就读于金大附中。中国高分子材料学科的开拓者和奠基人之一，中国科学院院士，著名教育家，全国人大代表。他在高分子降解、共聚、氢键复合、高分子共混材料的形态与性能等方面取得了突出的研究成果。曾任高分子材料工程国家重点实验室主任、高分子研究所所长、解放军总后军需部特邀顾问专家。

钱宁（1922—1986）

　　浙江杭州人，1936—1939年就读于金大附中。水利工程学家，中国泥沙运动及河床演变专家，中国科学院院士。1943年毕业于重庆中央大学工学院土木系。1948年获美国衣阿华大学硕士学位，1951年获加利福尼亚大学博士学位。曾任清华大学水利系教授。长期从事泥沙问题及其治理的研究。

吴中英（1922— ）

　　上海人，童年时就读于南京中区实验小学，然后考入南京金陵中学，抗战时就读于上海光华大学附中，1945年7月毕业于重庆交通大学机械系。防空导弹及自动驾驶仪技术专家。为我国中低空防空导弹发展做出了重大贡献。1989年和1993年分别当选国际宇航科学院（IAA）通讯院士、院士。

何康（1923— ）

　　福建福州人。1936年毕业于金大附中，后入福建马尾海军军官学校学习。农学家、农业管理专家、社会活动家。1988年4月任农业部部长。他是中国在热带北缘大规模发展橡胶和热带作物生产的奠基人。1993年，因为对世界农业的发展和解决饥饿问题做出的贡献，获第七届世界粮食奖（世界农业领域的最高荣誉，袁隆平是第二位获此荣誉的中国人）。

吴旻（1925— ）

江苏常州人，学名吴铭祖，1936年就读于南京金大附中。细胞生物学家、医学遗传学家。1980年当选中国科学院院士。是我国医学遗传学的奠基人之一。1961年开创了我国人体细胞遗传学和肿瘤细胞遗传学研究，创建了第一个医学遗传学研究组，为促进我国医学遗传学的发展起了积极的作用。

经福谦（1929—2012）

江苏南京人，1946—1947年就读于金大附中。中国凝聚态物理学家，中国科学院院士。是我国高压凝聚态物理和内爆动力学研究领域的开拓者之一。在内爆动力学、材料动态性质、高温高压物态方程、高温高压下的材料物性等领域取得了重要研究成果，加速了我国氢弹实验的进程。

钱宗珏（1930— ）

江苏南京人。1946年由上海民立中学转学至南京金大附中。通信科技专家。在通信电缆研究中有所建树，在系列通信精密仪表研制中取得创新成果，在组织中国通信科技攻关、主持国家重点项目研究、为国家培养高技术人才、主持制定邮电通信发展政策与技术标准、促进中国通信技术与产业发展方面做出了重要贡献。

吕敏（1931— ）

江苏丹阳人，1942—1947年就读于成都金大附中。核物理学家。解放军总装备部系统工程研究所研究员，中国核学会副理事长，中国科学院院士。吕敏在核试验的物理诊断领域中长期从事系统的、开创性的工作，为提高我国核试验物理诊断水平，建立较完善的诊断体系做出了重大贡献；他曾参加我国"两弹一星"的研制工作，并被党中央、国务院授予"两弹一星"功勋奖章。

李明耀（1933— ）

湖南临湘人，1949年毕业于金大附中。先后担任中国人民解放军军事医学科学院微生物流行病研究所副研究员、研究员，军事医学科学院技术部副部长，军事医学科学院副院长，少将军衔。参加的医学科研课题，1985年获国家科技进步特等奖一项；1987年、1990年各获国家科技进步一等奖一项。

齐康（1931— ）

江苏省南京市人，1944—1949年就读于金大附中。东南大学建筑研究所所长，国家建筑设计大师，建筑教育家，中国科学院院士，法国建筑科学院外籍院士。擅长城市规划、城市设计与风景设计，是北京王府井百货大楼、人民英雄纪念碑、人民大会堂、毛主席纪念堂、北京图书馆等100多项重大工程的主要设计者之一。2001年被授予首届中国建筑界的最高奖"梁思成建筑奖"。

刁锦寰（1933— ）

　　江苏南京人，1946—1947年就读于金大附中。国际著名统计学家、台湾中央研究院院士。复旦大学、北京大学名誉教授。今主要执教于美国芝加哥大学商学院。2001年，刁锦寰获美国统计学会颁发的"S. S. Wilks纪念奖章"、与美国商务经济学会共同颁发的"Julius Shiskin经济统计学奖章"，以表彰他对国际社会和学术界的贡献。

李正邦（1931— ）

　　江苏南京人，1949年就读金大附中，1952年南京十中高中毕业。中国特种冶金学家，电渣冶金学开拓者，中国工程院院士。设计了国内第一批工业电渣炉，并在液渣启动、液位控制、连续抽锭和二次冷却上有创新。首先发现电渣重熔提纯净化机理，受到国际公认与引用。累计获国家级奖励6项，部级奖21项，国际奖2项。

戴尅戎（1934— ）

　　福建漳州人，1946—1949年就读于金大附中。国际著名骨科和骨科生物力学专家。中国工程院院士。现任上海交大医学院骨与关节研究室主任，教育部数字医学工程中心主任、上海市关节外科临床医学中心主任。在国际上首先将形状记忆合金用于医学领域，从而推动了形状记忆合金的医学应用，在国际会议上被授予"形状记忆合金医学应用奠基人"金杯。

陈定昌（1937— ）

　　江苏镇江人，1954年转学至南京市第十中学，1955年高中毕业。航天武器系统总体、防空导弹和制导雷达领域专家，型号副总设计师、总指挥，中国科学院院士。长期从事高精度无人飞行器技术、高精度探测与制导技术和仿真技术研究工作，取得了多项国家重大工程技术成果。曾担任航天二院院长、航天二院科技委主任等职，现任中国航天科工集团公司科技委副主任。

祝世宁（1949— ）

江苏南京人，1968年毕业于南京十中。功能材料学家，中国科学院院士。现任南京大学物理系主任，固体微结构物理国家重点实验室副主任，凝聚态物理学科主任。与合作者完成的"介电体超晶格的设计、制备、性能与应用"项目获2006年国家自然科学一等奖。

傅新元（1954— ）

江苏南京人，1968—1972年就读于南京十中。国际上知名的分子生物学家，生物化学家。耶鲁大学癌症、肝病研究中心研究员，耶鲁大学医学博士论文审核委员会主席，美国国家卫生院（NIH）血液学基金、美国癌症协会基金评委。2000年至今，清华大学基因研究所所长。2004年至今任美国印第安那大学医学院微生物及免疫系教授。

田刚（1958—　　）

　　江苏南京人，1974年高中毕业于南京十中。著名数学家、美国国家科学基金会沃特曼奖和数学维布伦奖获得者，中国科学院院士，美国文理与科学院院士。两次被国际数学大会邀请作报告，是世界微分几何学领域公认的青年领袖。2012年出任国际数学界奖金最高（100万美元）的权威大奖——"阿贝尔奖"仅有的5位评委之一，成为中国籍数学家出任该奖评委第一人。

鲍哲南（1970—　　）

　　江苏南京人，1987年高中毕业于南京十中。现为美国斯坦福大学化学工程系正教授，世界上最小的纳米晶体管、人造电子皮肤发明人。被美国化学家协会女性化学家委员会选为"有望本世纪对化学做出突出贡献的杰出年轻女性科学家"。2011年4月被评选为年度"影响世界华人大奖"科学研究领域内的获奖者。

刘伯明（1887—1923）

　　山东章丘人，生于南京。少时就读于汇文书院。1911
年入美国西北大学攻读哲学及教育学，1915年获哲学博士
学位。著名哲学家、教育家、中国现代人文主义的先驱、
中国自由教育的倡导人、中国现代哲学的开创者。

陶行知（1891—1946）

　　安徽歙县人，1909—1910年就读于汇文书院成
美馆。人民教育家、思想家、伟大的民主主义战士、
爱国者、中国人民救国会和中国民主同盟的主要领导
人之一。先后创办晓庄学校、生活教育社、山海工学
团、育才学校和社会大学。著作有《中国教育改造》
《行知书信》《行知诗歌集》等。

陈裕光（1893—1989）

　　浙江宁波人，1907—1911年就读于汇文书院成美馆。化学家、教育家，毕生致力于教育事业。1927—1950年任金陵大学校长，是中国担任大学校长最早、时间最长的元老之一。他曾连续当选为中国化学会一至四届理事会会长，为学术团体工作做出了贡献。

李小缘（1897—1959）

　　江苏南京人，1909—1915年就读于金大附中。图书馆学家、目录学家。他创办了金陵大学图书馆系，是20世纪20—30年代中国近代图书馆运动的倡导者之一，是中华图书馆协会创始人之一。

宗白华（1897—1986）

安徽安庆人，1914年就读于金大附中。中国现代哲学家、美学大师、诗人。宗白华是我国现代美学的先行者和开拓者，被誉为"融贯中西艺术理论的一代美学大师"。著有《宗白华全集》及美学论文集《美学散步》《艺境》等。译著有康德的《批判力批判》等。

盛成（1899—1996）

江苏仪征人，1910年就读于汇文书院成美馆。国际著名学者、社会活动家、昆虫学家、语言学家、翻译家、教育家、作家、诗人、伟大的爱国者、中西文化交流的杰出使者、法兰西共和国荣誉军团骑士勋章获得者。1911年追随孙中山先生，加入同盟会，参加辛亥革命，在光复南京的战役中，被孙中山誉为"辛亥革命三童子"之一。代表作有《我的母亲》《海外攻读十年纪实》等。

魏学仁（1899—1987）

　　江苏南京人，1914年入读金大附中，1918年入读金陵大学。是我国教育电影事业和电化教育的开拓者。1925年入芝加哥大学研究院，专攻物理学。1928年获博士学位。归国后，任金陵大学教务长、物理系教授。1930年起任金陵大学理学院院长。1946年代表中国赴美参加世界原子能会议及联合国会议，后留美考察。

柯象峰（1900—1983）

　　安徽贵池人，1912年就读于金大附中。著名社会学家。曾长期担任金大教务长。后在法国里昂大学获得社会学博士学位。主要著作有《中国贫穷问题》《现代人口问题》《社会救济》等，译有《欧文选集》。曾任中国社会学会会长。

吴景超（1901—1968）

　　安徽歙县人，1914年就读于金大附中。社会学家，著名美学家。1935年曾在国民政府行政院任职，后先后在清华大学、中国人民大学任教。著有《都市社会学》《第四种国家的出路》《社会组织》等。是中国20世纪上半叶研究都市社会学最主要代表人物，与闻一多、罗隆基一同被誉为"清华三才子"。

杭立武（1902—1991）

　　安徽滁县（今滁州）人，1916年就读于金大附中。教育家、政治学家、政治家、外交家、社会活动家。1937年11月，提议建立南京安全区国际委员会。曾任国民政府教育部常务次长、部长。主要著作有《政治典范要义》《中华文物播迁记》等。

王绳祖（1905—1990）

江苏高邮人，1918年入读金大附中。著名历史学家，国际关系史学的学术泰斗，中国国际关系史学的奠基人。主要著作有《欧洲近代史》《近代欧洲外交史》《国际关系史》。1980年参与创建中国国际关系研究会，被推选为理事长。

黄瑞采（1907—　）

江苏南京人，1923年高中毕业于金大附中。著名土壤学家，农业教育家。从事教学和科学研究工作60余年，编写了大量教材，培养了大批土壤科技人才。在土壤地理、土壤发生分类、土壤微形态和农田生态特别在变性土等领域进行了长期的卓有成效的研究。

曾昭燏（1909—1964）

　　湖南双峰人，中国杰出的女博物馆家、考古学家，曾任南京博物院院长。1932—1935年，曾昭燏中央大学毕业后曾担任金大附中国文兼职教员。为了祖国的考古、博物馆事业，终身未嫁，对中国文物的发掘和保护做出了突出贡献。

朱凡（1909—1987）

　　江苏涟水人，原名朱宗仁，又名朱一苇、朱石清、笔名阿累，先后就读于县小学、金大附中、上海立达学园、上海同文书院（肄业），1932年毕业于上海艺术大学。他精通文学、哲学、历史，熟练掌握英、日两门外语。是作家、文艺评论家，又是人民教育家。

程千帆（1913—2000）

　　湖南长沙人，1928—1932年就读于金大附中。金大毕业后，曾任金陵中学教师一年。著名文史学家。代表著作有《校雠广义》《史通笺记》《文论十笺》等。曾任江苏文史馆馆长、南京文学艺术界联合会主席、中国唐代文学学会会长、中国旅游文学研究会会长、中华大字典编纂委员会副主任委员等职。

秦岭云（1914—2008）

　　河南卫辉人，著名画家、教育家。画室堂号五瓜草堂、闻鸡楼。1934年入北平国立艺术专科学校绘画系学习；抗日战争爆发后，在湖南沅陵国立艺专学习。1938年3月起，历任中央陆军军校职员、中学教师、教育部青木关民教馆艺术主任、金陵女子文理学院附中及南京第十中学教师；新中国成立后，先后在中央美术学院、人民美术出版社从事国画创作研究。

朱启平（1915—1993）

　　上海人，原名朱祥麟，1933年毕业于金大附中。著名记者。1945年9月2日，朱启平作为《大公报》驻太平洋战区随军记者，在"密苏里"号战舰上，目睹了中国和其他反法西斯盟国接受日本投降仪式的全过程。所写长篇通讯《落日》，发表后反响强烈。是报道第二次世界大战日本投降仪式通讯类作品的"状元之作"。现已编入高中语文教材。

周伯埙（1920—2009）

　　湖南长沙人，1933—1937年就读于金大附中。中国知名的数论和代数学家，曾任南京大学数学研究所所长、数学系主任、南京大学图书馆馆长。从事数论、环论和同调代数方面的研究，成绩显著。编有《高等代数》。

厉以宁（1930 — ）

江苏仪征人。1946 —1949年就读于金大附中。著名经济学家，中国经济学界泰斗。曾任北京大学经济系主任、光华学院院长。主持了《证券法》和《证券投资基金法》的起草工作。因论证倡导我国股份制改革，被尊称"厉股份"。

吴敬琏（1930 — ）

江苏南京人，1946年入读金大附中。著名的经济学家，中国经济学界的泰斗。现任国务院发展研究中心研究员、政协全国委员会常务委员兼经济委员会副主任等职。2003年获得国际管理学会（IAM）"杰出成就奖"；2005年荣获首届"中国经济学奖杰出贡献奖"。中国市场经济的推动者，被尊称为"吴市场"。

傅二石（1936— ）

　　江西新余人，国画大师傅抱石之子。1956年高中毕业于南京十中。中国美术家协会会员，国家一级美术师。先后任江苏国画院山水画研究室主任，傅抱石纪念馆馆长，江苏省文德山水研究会常务副会长，江苏无锡美术研究院名誉院长、江苏省海外交流协会理事等。他擅长山水画和人物画，作品风格雄浑博大、刚健清新。

高行健（1940— ）

　　江苏南京人，1952—1957年就读于南京第十中学。法籍华人剧作家、小说家、翻译家、画家、导演、评论家。因"其作品的普遍价值，刻骨铭心的洞察力和语言的丰富机智，为中文小说和艺术戏剧开辟了新的道路"而荣获2000年诺贝尔文学奖。代表作有小说《灵山》《一个人的圣经》，戏剧《绝对信号》《车站》等。

米寿江（1951— ）

　　山东济南人。1968毕业于南京十中。现任江苏省省委党校教授，江苏省人大常委会民族宗教咨询专家、南京大学宗教系兼职教授。著有《当代视角下的宗教》《中国伊斯兰教简史》《宗教概论》《宗教通史简编》《宗教经籍简编》等著作。

周晓陆（1953— ）

　　江苏南京人，原名周小鹿。1968年毕业于南京十中。博士生导师，文博专家、教育家、古文字学家、古天文学家和诗人。长期在北京、西安、南京等地从事历史学、考古学、文物学、博物馆学、美术学等学科的教学、科研工作，以及考古发掘、文物鉴定等工作。著有《秦封泥集》《汉字艺术》《古代玺印》《步天歌研究》《陈师曾印谱》《小鹿诗草》等著作。

叶继元（1955— ）

　　安徽太平人，1973年高中毕业于南京十中。先后任江苏省哲学社会科学研究规划学科专家组成员、美国著名检索期刊《历史文摘》编辑顾问、国务院学位委员会学科评议组成员、教育部社科委委员，入选《2007年中国杰出社会科学家名单》。

韩恢（1887—1922）

　　字复炎，江苏泗阳人。1907年毕业于汇文书院。早年加入同盟会。曾参加镇南关起义和黄花岗起义。南京光复后随军北伐。1913年参加二次革命，任讨袁军副总司令。败走日本，加入中华革命党，为孙中山所器重，任江苏讨袁军负责人。之后，追随孙中山，历任江苏招讨使、讨贼军总司令。1922年10月28日在沪被捕，11月1日遇害。孙中山闻讯后异常痛惜，国民政府追认为陆军上将。

彭仁忭（1913—1937）

山东德县人，生于1913年6月1日，1931年就读金大附中。1937年8月26日，奉命赴沪轰炸日军阵地，完成任务返回途中，突遭敌机环攻，阵亡于浙江临安。

李鹏翔（1913—1938）

广东澄海人，生于1913年10月11日。1932年就读于金大附中。1938年2月18日，日机袭击武汉，李鹏翔奋起迎战，击落敌机两架后受重伤，不幸殉国。

陈镇和（1914—1941）

福建龙溪人，印尼侨生，1919—1925年就读于金大附中。1932年"一·二八"淞沪抗战时，陈镇和毅然转投中央航空学校学习。1937年"七七"事变爆发后，陈镇和已是驻扎杭州的空军飞行中队长，担任保卫南方海岸线的防空任务。1941年1月28日在接受新机返航途中殉职。烈士遗诗：男儿莫惜少年头，快把钢刀试新仇，杀尽倭奴雪旧耻，誓干扶桑方罢休。

李维烈（1918—　　）

新加坡华侨，1935年高中毕业于南京金大附中，17岁时，李维烈毅然报考空军军官学校成为第九期毕业生。曾担任中国空军第三大队第八中队中队队长。1943年参与陈纳德将军领导的美国飞虎队组成"中美空军混合团"第十四航空队。曾参加49次对日作战任务，并击落了两架日本敌机。抗战胜利后退役返回新加坡。

赵晶片（1919—1949）

　　四川开县人，中共党员。1943年高中毕业于万县金中。积极参加抗议反动政府制造的四一惨案的大游行，领导学生罢课。在开县中学、南开中学任教期间，积极领导学生运动。1949年6月在重庆南开中学内被捕，在狱中表现坚强不屈。11月29日殉难于重庆郊外歌乐山上松林坡刑场，时年32岁。

齐亮（1922—1949）

　　又名齐燕生、齐韬光、李仲伟、赵玉杰，河北蠡县人，中共党员，1935—1937年就读于金大附中、重庆求精中学、南开中学。西南联大学生自治会主席，中共重庆北区工委书记，1949年1月因叛徒出卖而被捕。1949年11月14日与江竹筠、李青林等共产党人一起被特务秘密杀害于重庆歌乐山电台岚垭，年仅27岁。

周鸿钧（1923—1949）

　　四川开县人，中共党员，1940年毕业于万县金中。在西南学院领导过学生运动。1948年6月7日，在西南学院被捕，后被转押至西南长官公署第二处、中美合作所渣滓洞集中营。在狱中，坚强不屈，1949年11月27日殉难于渣滓洞。

孙恪生（1927—1951）

　　又名孙侯，1941—1946年在万县金中驻蓉分班学习，系首批调往西南筹建西南空军的主要干部及技术精英。1951年8月13日因飞机失事不幸遇难。

伍龙泉（1927—1951）

　　四川重庆市人，1945年高中毕业于万县金中。1949年末在重庆大学参加解放军，在部队文工团工作。抗美援朝战争爆发后，即随军赴朝作战。任连队文化教员，长期坚持坑道作战，曾荣立三等功一次。1951年在朝鲜前线作战中牺牲。

邓芝福（1933—1983）

　　江苏南京人，1950年高中毕业于金大附中。1952年参加革命工作，1956年加入中国共产党。1959年上海一医毕业后，自愿赴西藏山南地区人民医院，在藏二十四年如一日，勤勤恳恳地为藏族人民服务，深受藏族人民的赞扬和爱戴。1983年5月16日不幸因公殉职。《人民日报》以《西藏人民的好儿子》报道了他的事迹，并发表专题评论。

王德明（1951—1987）

　　江苏盐城人，1970年高中毕业于南京市第十中学。1987年7月，在执行滁河抢险任务时牺牲。牺牲前任南京长江护岸工程管理处绞吸挖泥船队水手。1988年4月被江苏省人民政府追认为革命烈士。

黄荣良（1876—? ）

安徽无为人。毕业于南京汇文书院，旋任该校教授，后赴美国留学，入贝克大学及哥伦比亚大学。民国著名外交家。1906年毕业回国。先后任驻英国公使馆二等通译官、驻新西兰领事馆第一任领事、驻澳大利亚总领事。1914年任北京政府外交部金事。1916年任外交部特派直隶交涉员。1919年兼任敌国财产管理局局长。1920年10月，任驻奥地利全权公使。1922年奉派为驻国际联盟代表。1927年归国引退。

许传音（1884—1971）

安徽贵池人，1897—1905年就读于汇文书院，留学美国，获经济学博士学位。曾任民国政府铁道部营业司司长、鼓楼医院副院长等职。在日寇南京大屠杀期间，参加南京安全区国际委员会，负责难民住宿工作；担任世界红十字会南京分会副会长，救济保护难民，掩埋遇难同胞遗体。1946年出证远东国际军事法庭，控诉南京大屠杀罪魁祸首，做出了重大贡献。

徐养秋（1887—1972）

江苏金坛人，1910年毕业于金大附中。中国著名现代教育家、历史学家。曾执教于南京高等师范学校，先后任历史系主任、教育科主任，讲授教育史课程，从事教育科学实验、推行新学制。抗战期间，受聘在重庆中央政治大学任外交系教授。抗战胜利后，返回南京，再任中央大学教授兼教育系主任，1947年起任中央大学师范学院院长。著作有《汉代教育史》等。

徐绍武（1902—1995）

安徽合肥人。1927年毕业于金陵大学教育系。国家级足球裁判、田径裁判。曾任金陵大学教授、体育部主任。1950年获美国纽约大学体育硕士学位。历任南京师范学院教授，南京师范大学教授、体育系主任，江苏省高等学校体育工作委员会第一届副主席，江苏省足球协会副主席，全国体总江苏省分会第一、二届副主席。著有《大学体育通用教材》《足球》。

林遵（1905—1979）

江苏南京人，1922—1924年就读金大附中，1949年1月任国民党海军第二舰队司令时，率部起义。后任中国人民解放军东海舰队第一副司令员，海军学院副院长。1955年被授予少将军衔。1977年加入中国共产党。是第一、二、三届国防委员会委员，中国人民政治协商会议第一届全体会议代表，第一、二、三、四、五届全国人民代表大会代表。

徐国懋（1906—1994）

江苏镇江人。1923年毕业于金大附中。解放后，任公私合营银行副总经理，兼常务董事、中国银行董事、交通银行和上海投资信托公司常务董事、杭州浙江投资信托公司董事、上海爱建金融公司董事、上海市政协常委兼秘书长、上海市民革副主委、民革中央常务委员、全国政协委员、全国红十字会执行理事、全国基督教青年协会会长、上海金融学会名誉会长、上海中华造船厂顾问、人民银行金融研究室主任。编有《上海钱庄史料》《金城银行史料》。

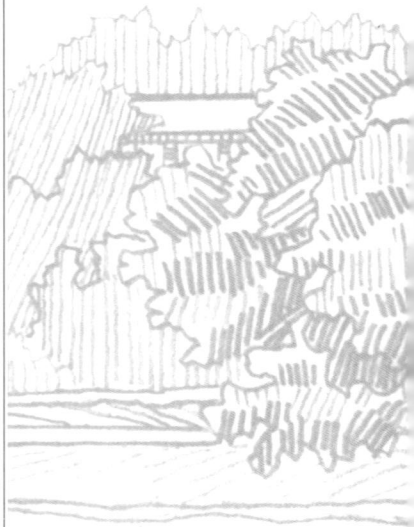

吴茂荪（1911—1984）

安徽泾县人，1922—1928年就读金大附中。他是中国民主同盟的发起人之一，为中国国民党革命委员会的创建做出了重要贡献。他是全国人大外事委员会副主任委员，全国政协常委。曾任中国人民外交学会秘书长、副会长，并出任各国议会同盟理事，先后任中国国民党革命委员会一至六届中央委员，中央常委、副主席。

陈邃衡（1915—2008）

天津市人，1927—1931年就读于金大附中。先后任南京市副市长、江苏省政协副主席。历任中国民主建国会江苏省委员会主委、名誉主委，中国民主建国会中央委员会副主席、名誉副主席。曾任第六届全国政协常委，第七届全国人大常委会委员。

何锡麟（1915— ）

河南濮阳人。1921—1931年就读金大附中附小、初中部。1935年5月参加革命，1938—1945年先后在延安马列学院、中共中央政治研究室、中央宣传部、中央外事组从事翻译、教学、宣传和理论及研究工作。1948年起，历任吉林大学、东北大学教育长、北师大第一副校长、党委书记、南开大学副校长、中共中央编译顾问等职。

陈舜礼（1917—2003）

　　浙江奉化人，1932—1935年就读金大附中。著名的社会活动家和教育家，先后任南开大学教务长、山西大学校长、中国民主促进会中央副主席、常务副主席、名誉副主任、全国政协常委、全国人大常委会委员。

洛辛（1918—2005）

　　原名阙大津，1936—1939年就读于万县金大附中。作曲家。1938年参加丽水文化界抗敌协会，开展抗日救亡运动。曾任新四军二师政治部文工团团长、前线歌舞团副团长、总政歌舞团政委、顾问等职，少将军衔。

高博（1918—1992）

　　北京人，1934年初中毕业于金大附中。中国电影家协会会员，中国电影表演艺术学会委员，著名表演艺术家。1944年入新中国剧社。抗战胜利后随剧社至上海。他在《聂耳》《老兵新传》《早春二月》《红日》等数十部电影中，塑造了不同类型的人物形象；他为《奥赛罗》等几十部译制片中主要人物配音。

赵浩生（1920—　）

　　河南息县人，1940年就读于万县金中。著名美籍华裔新闻记者、学者、社会活动家。美国耶鲁大学教授，北京外国语等8所大学荣誉或客座教授。几十年来，见证报道了一系列震惊中外的历史事件，为中美建交、祖国统一做出贡献，受到江泽民等国家领导的接见。主要作品有《来自中国大陆的声音》《从三十年代到新长征》《漫话美国总统选举》《赵浩生新闻作品选》。

端木正（1920—2006）

　　安徽安庆人，回族，1934—1937年就读于金大附中。曾任中山大学法律系教授、主任，法学研究所所长，中国国际法学会副会长，中国法学会理事，中华人民共和国最高人民法院副院长，香港特别行政区基本法起草委员会委员，仲裁法院（海牙）仲裁员。

安迪伟（1921—2012）

　　河北保定人，回族，1937年高中毕业于金大附中。社会活动家。先后任民革贵州省主任委员、中央委员，贵州省政协副主席，贵州航空联谊会名誉会长，中国国际公共关系协会顾问，贵州省国际国内公共关系协会会长。

万典武（1921— ）

湖北武汉人，1941年高中毕业于金大附中。商业经济学家。先后任商业部经济研究所副所长、国内贸易部商业经济研究中心研究员、中国商业经济学会副会长、中国社会科学院财贸研究所学术委员、全国工商联顾问等职，论著颇丰。

张横江（1928— ）

1938—1945年就读于金大附中。长期担任吉林省松江市中心医院主任医师、院长、名誉院长。由于他医德高尚、医术精湛、贡献突出，连续三届被选为县人大常委会副主席，多次被评为吉林省和卫生部劳动模范和先进工作者，1987年荣获全国"五一"劳动奖章。

田联韬（1930— ）

天津人，1941—1944年就读于金大附中。民族音乐学家、作曲家、音乐教育家。1949年参军，曾在第二野战军政治部文工团、西南军区文工团、西南人民文工团、四川人民艺术剧院任队员、队长、创作员。后任中央音乐学院教授、博士生导师，音乐研究所副所长。近20余年，着力培养少数民族音乐理论研究高级人才，许多学生已成为各地有影响的音乐家。

石庆辉（1930—2009）

　　归侨，福建人，1956年毕业于南京市第十中学。中科院沙坡头治沙站副研究员。30年扎根腾格里大沙漠，筑起一条绿色长城，创造了世界治沙史的奇迹。为维持沙地人工植被稳定，提高生物固沙效率起重要作用。其成果曾获国家科技进步特等奖，中科院科技进步一等奖，被评为"中科院野外先进工作者"。1999年荣获全国归侨、侨眷先进个人称号。

姜克安（1930— ）

　　江苏南京人，1946—1949年就读于金大附中。著名漫画家，漫画评论家。中国人民大学新闻学院教授。他曾在《中国青年报》工作近25年，创作漫画数百幅，多次入选全国漫画展览，曾荣获加拿大政府颁发的"研究奖"。

胡敏（1931— ）

　　四川万县人，1948年高中毕业于金大附中。曾任煤炭规划设计总院教授级高级工程师、副院长，中国土木工程学会第四届理事会理事，中国煤炭勘察设计协会副理事长，中国国民党革命委员会中央常委、副主席。全国政协委员，第七届全国政协常委。

韩南鹏（1932— ）

　　福建龙溪人，1946—1951年就读于金大附中。先后任湖北省襄阳专署和襄樊市林业局林科所技术员、工程师、教授级高级工程师、副局长，襄樊市副市长，湖北省副省长，湖北省政协副主席，全国政协常委，民主同盟湖北省委主委，全国政协常委。

夏道生（1932— ）

　　湖北武汉人，1949年毕业于金大附中。先后任职于外交部驻匈牙利大使馆、外交部苏联东欧司、驻加拿大使馆参赞、公使衔参赞、驻比利时大使兼驻欧共体团长、外交部政策研究室主任、国务院外办副主任、中国人民外交学会副会长、外交部特别调研小组组长。

沈君山（1932— ）

　　浙江余姚人，1946—1948年就读于金大附中。美国马里兰大学物理博士，曾任职于普林斯顿大学，美国太空总署太空研究所及普度大学。1973年回台湾后，先后任台湾清华大学物理系教授、理学院院长、清华大学校长、台湾行政院政务委员。1990年初，出任国家统一委员会委员，三次与江泽民晤谈。由于他文武兼备，加上家世显赫，被誉为"台湾四公子"之一。

彭时雄（1933— ）

　　湖南湘乡人，1946—1950年就读于金大附中。先后任中国计量学会常务理事、电磁计量专业委员会主任、电磁测量信息处理仪器学会副理事长。50年来，一直从事电测计量与仪表技术的研究，取得了重要研究成果。先后荣获全国五一劳动奖章、全国优秀科技工作者、国务院授予的全国先进工作者称号。

李前煦（1937— ）

　　江苏南京人，1956年毕业于南京十中。先后任南京钢铁厂技术员、车间主任、副总工程师、总工程师、副厂长、厂长；南京钢铁集团有限公司董事长兼总经理，江苏人大常委会常委，全国五一劳动奖章获得者。

陈世光（1942— ）

　　云南宣威人，1959年毕业于南京十中。画家、书法家。中国美术家协会理事，江苏省美术家办会秘书长，江苏省徐悲鸿研究会副会长，国家一级美术师。

姜澄宇（1947— ）

　　江苏南京人，1960—1963年就读于南京十中初中，教授，博士生导师。曾任南京航空航天大学党委书记兼校长，2001年任西北工业大学校长，2001年入选国防科工委"511人才工程"、"高级管理人才"。2013年中国工程院院士增选候选人提名。

马肇立（1947— ）

　　江苏南京人，1967年高中毕业于南京十中。江苏省美术家协会会员，南师大附中美术高级教师。举办辟邪画展，宣传文物保护。2010年当选为"中华文物保护使者"。

薛冰（1948— ）

　　浙江绍兴人，1967年高中毕业于南京十中。曾任江苏省作家协会创作联络部干部，《雨花》杂志编辑，《东方文化周刊》副总编辑，《江苏省志·文学志》副总编。现为江苏省作协专业作家，南京市作协副主席。

铁竹伟（1948—　）

河南南乐人，1966年高中毕业于南京十中。先后任《解放军报》记者，南京军区政治部创作室专业作家，中国传记文学会理事，中国作家协会会员。撰稿的艺术专题片《百年恩来》获1998年优秀纪实电视片金鹰奖。所著《廖承志传》《我的伯父周恩来》，均荣获美国纽约国际文化艺术中心授予的传记文学成就奖。

王洪光（1949—　）

山东新泰人，1965—1968年就读于南京十中。先后任总参兵种部装甲兵局局长、兵种部副部长、装甲兵工程学院院长、总装备部通用装备保障部部长、南京军区副司令员。中将军衔。

周珉（1949—　）

江苏南通人，1968年毕业于南京十中。先后任全国中医肝病专业委员会副主任委员、南京中医药大学副校长、江苏省卫生厅厅长、省委组织部副部长、统战部部长、省政协副主席等。

何琦(1949—)

　　江苏南京人，1962—1968年就读于南京第十中学。旅美艺术家。擅长版画。历任西藏自治区文联美术干部，南京金陵协和神学院教授，南京大学、南京艺术学院客座教授。作品曾在纽约、旧金山、芝加哥、东京、伦敦、牛津、日内瓦等地展示。曾获英国剑桥《宗教艺术理论及基督教艺术创作》20世纪成就奖。

刘忠虎（ 1950— ）

　　浙江杭州人，回族，南京第十中学1967届校友。杭州电视台西湖明珠频道的综艺节目集制片人、节目策划、编导于一身的节目主持人。全国广播电视主持人"金话筒"奖的金奖得主。曾获"全国城市电视台十佳主持人"的称号；1995年还获得"国际华语十佳电视节目主持人'金龙奖'"。

张寅平（1962— ）

　　江苏南京人，1980年高中毕业于南京第十中学。博士，清华大学建筑环境与设备工程研究所所长、教授，清华大学建筑环境检测中心主任。曾获国家杰出青年基金（2007）、教育部自然科学一等奖（2010）、教育部优秀青年教师基金（2001）、教育部霍英东优秀青年教师奖（1993）。

孙玥（1973— ）

　　江苏镇江人，1984—1985年就读于南京十中初中部，为金陵中学女排队员，后入江苏女排、国家女排代表队。是中国国家女排队主攻手，曾荣获亚特兰大奥运会银牌。

唐勇（1969— ）

　　1987年高中毕业于金陵中学，80年代中期成为金陵中学首位通过竞选产生的学生会主席。2005年3月，通过国资委层层选拔，被选派到中国南方航空集团公司担任集团总经理助理兼规划投资部部长、南航集团财务公司董事长。

史安斌（1971— ）

　　史安斌，1988年高中毕业于金陵中学。是北京大学英美文学学士、硕士，美国宾州大学文化传播学博士，明尼苏达大学博士后，现任清华大学新闻与传播学院副院长、教授、博士生导师，国际传播研究中心高级研究员。教育部人文社科重大攻关项目首席专家。2003年至今担任国务院新闻办主办的全国新闻发言人培训班主讲教授，培训了8000多名中央、地方政府和组织的新闻发言人。

刘恺（1973— ）

　　江苏常州人，1989年高中毕业于金陵中学。1993年毕业于南京大学物理系，1998年在美国约翰霍普金斯大学获得博士学位，后从事磁性钠米结构材料的研究。现为加州大学戴维斯分校物理系副教授并取得终身教授职位(Tenure)。2005年3月，荣获美国Alfred P Sloan奖研金。

祖峰（1974年— ）

　　南京市人，1989年初中毕业于金陵中学。北京电影学院表演系毕业后，留校任教。参加拍摄了《高原骑兵连》《潜伏》《隐形将军》《金婚风雨情》《旗袍》等剧，在电影《建党伟业》中，他饰演热血青年邓中夏。先后荣获华鼎奖最佳男配角奖、金凤凰奖表演学会奖，被誉为"钻石配角"。

汪文斌（1971年— ）

　　1989年高中毕业于金陵中学，1993年进入外交部工作。曾任驻毛里求斯使馆政务参赞，现任外交部政策规划司副司长。先后被评为外交部优秀青年、中央国家机关优秀青年。

黄晓宇（1973— ）

　　上海人，1985 —1989年就读于金陵中学，16岁时提前参加高考，先后就读南京大学、复旦大学、加拿大多伦多大学、美国阿克伦大学。2001年，入选中科院百人计划，受聘上海有机化学研究所。目前主要从事活性自由基聚合、自组装和含氟高分子的研究。2012年入选中科院启明星跟踪计划。

迟晶（1975— ）

　　江苏南京人，1987 —1993年就读于金陵中学。先后就读于南京大学、英国伦敦瑞丁大学。2001年被英国伦敦证券交易所聘用。完成博士学业后，2004年29岁任新西兰梅西大学研究生和博士生导师。 2013年获新西兰全国高等教育优秀教学成果奖。

刁妍蕾（1976— ）

　　1988 —1994年就读于金陵中学，保送复旦大学计算机系，1998年推荐到香港科技大学读研究生，2005年在美国加利福尼亚大学伯克利分校获计算机博士学位。现任美国马萨诸塞州州立大学计算机系副教授。先后获美国国家科学基金会职业奖、IBM创新教师奖、微软青年教师奖、2013年度美国女性计算机科学奖。

蒯乐昊（1978— ）

　　江苏南京人， 1992 —1996年就读于金陵中学。南京大学新闻传播学院硕士，毕业后进入南方传媒集团，现任《南方人物周刊》编委、主笔，《ACROSS穿越》主编。出版有书籍《迷魂谷》《28个艺术家和2个圣徒》《时间的女儿》《唱歌的沙》《亚瑟与乔治》等多部翻译作品。

■ 雏鹰展翅

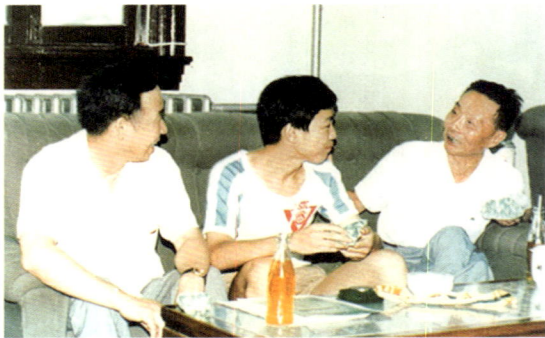

查宇涵（1970— ）

1988届校友。1988年,在澳大利亚举办的第29届国际中学生数学奥林匹克竞赛中荣获银牌,是南京中学生参加国际竞赛获奖的第一人。

李申杰（1980— ）

1998届校友。1996年,在第8届国际中学生信息学奥林匹克竞赛中荣获金牌。1998年,在葡萄牙举办的第10届国际中学生信息学奥林匹克竞赛中再次荣获金牌。

章准平（1980— ）

1998届校友。1998年在葡萄牙举行的第十届国际信息学奥林匹克竞赛中与校友李申杰同时荣获金牌。其中,章准平在本届国际竞赛中总分名列第一。

林希德（1985 — ）

2003届校友。荣获2003年8月举行的第15届国际中学生信息学奥赛银牌。

严梦媛（1992 — ）

2010届校友，在高中阶段的数学、物理、计算机等多项省级竞赛中获得省一等奖，两次获得高校保送生资格。先后荣获第7届和第8届中国女子数学奥林匹克竞赛金牌。并获得代表中国中学生参加亚洲中学生物理竞赛的资格。

吴佩尧（1995 — ）

2013届校友，2013年7月，荣获在莫斯科第45届国际中学生化学奥林匹克竞赛银牌。

状元学子

范梵（1968 — ）

　　1980—1986年就读于金陵中学，1986年南京市高考理科状元。现任中国人民解放军驻七二〇厂军事代表室副总军事代表，高级工程师，大校军衔。

姚远（1981 — ）

　　江苏南京人。1993—1999年就读于金陵中学，1999届高考南京市文科状元。北京大学博士、日本早稻田大学博士。曾任日本学术振兴会特别研究员，现任教于南京大学政府管理学院。2010年获"中国文化遗产保护十大杰出人物"。编有《钟楼嵯峨——百年金中人文作品选读》等。

翟冠（1986 — ）

2004届高考南京市理科状元

王喆（1989 — ）

2007届高考物生组合江苏省状元

叶枝（1989 — ）

2007届高考政史组合江苏省状元

胡越（1990 — ）
2008届高考南京市理科状元

董昀（1990 — ）
2008届高考南京市文科
状元

宋玥（1994 — ）
2012届高考南京市理科状元

费欣意（1995 — ）
2013届高考南京市理科
状元

王同辉（1982— ）

2000年，王同晖同学发明的速变角锯弓获得国家发明专利，并在第八届全国青少年科技创新大赛中荣获一等奖。

王珂（1984— ）

2001年8月在教育部、周凯旋基金会主办，中国科协承办的首届"明天小小科学家"竞赛中，王珂编制的《分布式虚拟现实系统》软件荣获一等奖。

华演（1984— ）

2002年，华演同学发明"记忆合金全自动保护安全煤气灶"，荣获第53届英特尔国际科学工程大赛专项奖一等奖，被国际天文联合会小行星中心以他的名字命名一颗编号为11730小行星——"华演星"。当年被保送至清华大学深造。

周辰（1988— ）

2006年高三学生周辰研制的"眼球鼠标"获得国家发明专利。"眼球鼠标"实际上就是"半自动个人电脑光标定位系统"，该发明荣获2006年江苏省青少年科技创新大赛一等奖。

王冉（1990— ）

2008年，王冉同学凭借"双区域液晶显示"工程学发明项目，作为江苏省唯一代表荣获第八届全国"明天小小科学家"一等奖，并保送清华大学。

陈彦名（1992— ）

2008年，陈彦名同学在泛太平洋地区VEX机器人工程公开挑战赛中获得了金奖，并荣获2008年度"江苏省十佳青年学生"光荣称号。

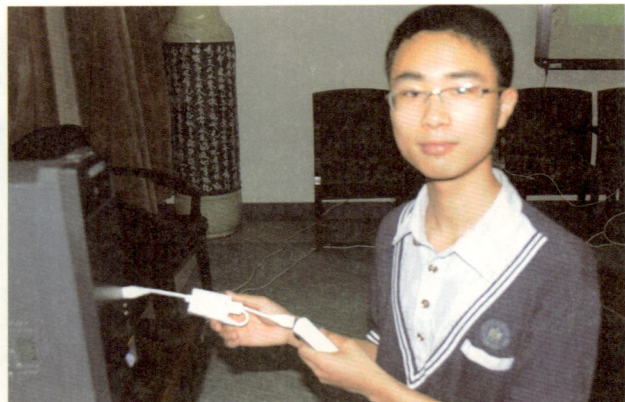

水一方（1993— ）

2010年，高三水一方同学的研究性学习成果，荣获全国第十届"明天小小科学家"评选二等奖。

姚志浩（1994— ）

2011年，根据人体自身免疫系统原理，设计一个电脑防病毒软件USB安全卫士。在高二进行了优化，申请了国家发明专利。2012年荣获江苏省青少年科技创新大赛一等奖和全国二等奖，2013年荣获"江苏省科技标兵"

徐获明（1995— ）

2013年8月，在南京举办的第28届全国青少年科技创新大赛中，他设计的《轮式平板风扇》，荣获大赛一等奖、英特尔英才奖，并获得2014年参加英特尔国际科学与工程大赛的资格。

卞远哲（1996— ）

2013年8月，在南京举办的第28届全国青少年科技创新大赛中，他设计的《基于机器视觉的魔方机器人的研究》，荣获大赛一等奖、"茅以升科学技术奖"、"青少年科技创新培源奖（省长奖）"。

姜涛（1974—1999）

　　残疾学生姜涛被评为"南京市十大杰出青年"、"全国优秀共青团员"，图为姜涛出席共青团第十三次全国代表大会。

张扬扬展示昆虫标本（右四）

张扬扬（1978— ）

　　1992—1998年在金陵中学读书，1996年春向学校提出将其自小学起采集制作的各类昆虫标本计三百余件无偿捐献给学校。曾在中央电视台第二起跑线展示过他的昆虫标本。1998年7月毕业，考入上海医学院，2005年硕士毕业到上海华山医院脑科任职，后到法国读医学博士。

杨冰兰（1982— ）

　　1997年全国中学生英语口语比赛中我校杨冰兰同学荣获特等奖。现为杭州乐港科技有限公司总裁，乐港致力于互联网互动娱乐领域，是中国最大的网页游戏公司。

林晨（1988— ）

　　国际象棋手，在国内和国际棋坛屡获佳绩，17岁就获得国际大师桂冠。

费滢滢（1986— ）

　　获得2001年"全球少年华人美文大奖赛"第一名的费滢滢

叶子（1984— ）

　　获得2001年"全球少年华人美文大奖赛"一等奖的叶子

陈碧舸（1985— ）

　　2001年8月，16岁的陈碧舸一举夺得精英超模选拔赛中国香港赛区冠军，9月又在巴黎第18届国际模特精英赛中荣获第9名，进入世界超模"十佳"。

戴明劼（1987— ）

　　2002年8月21日，在以"走进美妙的数学花园"为主题的中国少年数学论坛开幕式上，南京金陵中学学生戴明劼代表中国少年儿童向全世界华人少年发出倡议："携起手来，立志从小学数学、爱数学、了解数学的无穷价值。"

周末（1987— ）

2002年在金陵中学初中毕业考上中央美术学院附中，在校期间出版画册《我和妈妈》《我爱祖国大家庭》《百名青少年写生集》。举办六次个人画展（江苏省美术馆、南京市美术馆）。2006年全国高考专业免试"双保生"（中央美术学院、清华大学美术学院）。2007年油画作品《万泉河的记忆》入选建军80周年全国美展。现为中央美术学院博士生。

沈明睿（1987— ）

2002届校友，荣获2002年度"茅以升全国少年科技奖"。

张翰钦（1987— ）

报考剑桥获中国考区第一名的张翰钦为学弟学妹们介绍学习经验。

叶天扬（1990— ）

  2003—2009年就读于金陵中学。高三时获全国数学、物理竞赛省一等奖,保送北京大学。2013年先后收到哈佛、斯坦福和普林斯顿三所世界顶级大学的全额奖学金录取通知,现在哈佛大学攻读电子学博士。

成懋冉（1991— ）

  2006年4月,金陵中学初三学生成懋冉书法展在江苏美术馆隆重举行。

钱锦（1993— ）

2011届校长实名推荐保送北京大学的钱锦同学

张晓天（1994— ）

2012届校长实名推荐保送北京大学的张晓天同学

金陵中学的校园是个舞台，
老师和学生是这个舞台的主人。
这里见证了生命与生命的对话，
这里传承了民生和科学的真谛，
这里沉淀了历史与时代的尘埃，
这里放飞了少年与青年的理想……

总有那么一些人，在这舞台上为金中增光；
总有那么一些事，在这舞台上为金中添彩。
为了重拾忘却的记忆，
这些照片值得永久珍藏……

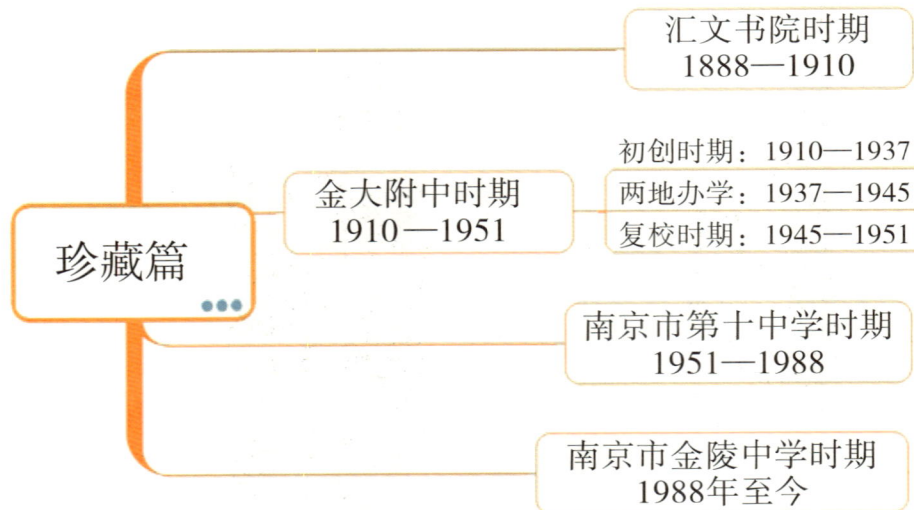

珍藏篇

汇文书院时期
1888—1910

金大附中时期
1910—1951

初创时期：1910—1937
两地办学：1937—1945
复校时期：1945—1951

南京市第十中学时期
1951—1988

南京市金陵中学时期
1988年至今

1897年两江总督张之洞率众官员视察汇文书院时和汇文书院中外教职员于三层楼洋房（钟楼）前合影。

1910年汇文书院附中中外教员在校园内合影，前排右一为包文校长。（孙熹圣珍藏照片）

汇文书院中学部学生在教室读书

■ 金陵大学附属中学时期（1910—1951）

1916年，金陵大学分设中学部，教职员于三层楼洋房（钟楼）前合影。

20世纪20年代，中华教育改进社在陶行知先生的倡导下，先后创办了试验乡村师范学校、晓庄中心小学、中心幼稚园和民众夜校、晓庄医院、乡村救火会等社会文化教育机构，并于1928年2月改名为晓庄学校，陶行知任校长。图为1928年设于干河沿金陵中学的民众夜校师生合影。

20世纪30年代金陵中学弦乐团曾名震宁、沪、杭。（刘宗惠校友提供）

金陵大學校刊

1932年10月，金陵大学及附中为东北义勇军筹款，举行足球义赛的报道。

1937年，全国抗日救亡运动高涨。图为当年在全校晨会上，张坊校长（右一）站在金陵中学钟楼前讲台上作抗日救亡演讲。（夏道生校友提供照片）

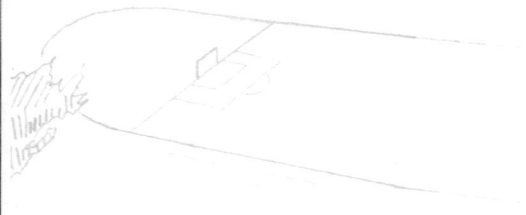

1937年，南京沦陷前金陵中学召开的运动会上，夏豫生校友在参加跑步比赛。（夏道生校友提供照片）

四五七民
日月年國
　　　平

念紀影攝員職體全率長所所容收中金暨員委會員委濟救際國區民難京南

　　　1938年4月，南京难民区国际救济委员会暨金中难民收容所全体职员合影。其中第一排从左至右：第3位是徐淑珍、第4位是徐淑德、第6位是姜正云（金中难民所所长）、第7位是约翰·马吉（南京国际红十字会会长，被誉为美国英雄，南京十二中创办人）、第9位 历史学家贝德士（金大教授、鼓楼中学校长）、第10位 金大教授斯密士、第11位校友许传音先生。

抗战时期，随金陵大学西迁四川的
万县金中师生开展班级活动时的留影。

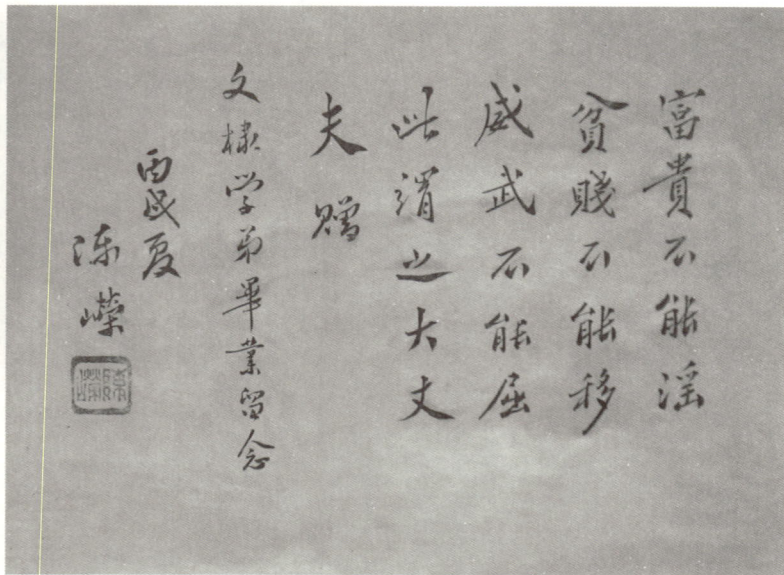

富贵不能淫
贫贱不能移
威武不能屈
此谓之大丈
夫焉

文棣学弟毕业留念

丙戌夏
陈嵘

抗战时期留守南京坚持办校的陈嵘校长，给学生毕业留念的题词，反映了其不愿当亡国奴的坚强决心。

抗战时期在四川万县金陵中学工作的教师合影（左一姜本铭、左二许国樑、右一向培豪、右二何锡嘏）

1947年元月万县金中校友分会成立大会合影

■南京市第十中学时期（1951—1988）

上世纪50年代，先后有200多位海外归侨在南京第十中学读书。图为1957年李治中校长（后排左二）与侨生乐队在一起的合影。

1960年南京市第十中学篮球队在体育馆前操场上举行篮球比赛入场仪式。前4位队员手持1958年学校荣获的"全国体育红旗校"锦旗。

1964青年教师演出《年轻的一代》留影。一排左起：刘占坤、顾荣爵、冯世森、杨祖恒，二排左起：朱锋颜、周锡来、柯兆云、喻旭初、狄原泪、沈达信、徐美钰、陈善卿。

1968年，南京十中66届高三（2）班欢送参军同学。

1971年秋，1972届矿校同学参加军训。

　　埃德加·斯诺，于1936年和1939年两次访问延安，是在红色区域进行采访的第一个西方记者，创作《红星照耀中国》（中译本名为《西行漫记》）。新中国成立后，斯诺曾先后三次来华进行访问。1970年10月，斯诺偕夫人一同访华，参加我国国庆观礼，在天安门上受到毛泽东和周恩来的接见。1970年12月斯诺夫妇在黄华同志陪同下参观了南京市第十中学。

1983届高三（1）班同学在班主任杨祖恒（前排左一）的带领下，在毕业典礼上演出莎士比亚戏剧《威尼斯商人》。1984年，杨祖恒被评为全国优秀班主任和南京市劳动模范。图为演出后师生在钟楼前的合影。

1984年5月7日，中国的"保尔"、兵工战线的创业者和著名兵工专家吴运铎来到十中，为师生做报告并题词勉励师生。

吴运铎有超常的毅力，为革命的兵工事业他屡次负伤，全身共有100余处伤口，多枚炸弹的小铁片一直伴随他走向生命的终点。1951年10月，中央人民政府政务院和全国总工会授予吴运铎全国劳动模范称号，党和国家领导人毛泽东、周恩来分别接见了他。10月5日《人民日报》发表了一篇题为《钢铁是怎样炼成的——介绍中国的保尔·柯察金》的报道，从此"中国的保尔——吴运铎"这个名字就传遍了神州大地。

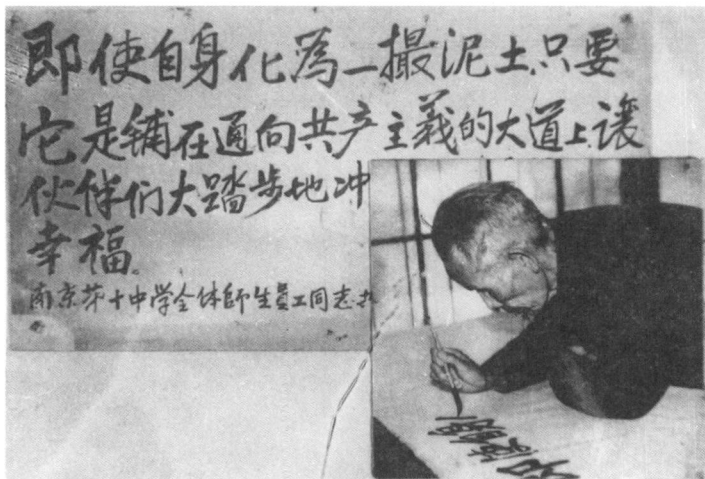

即使自身化为一撮泥土，只要它是铺在通向共产主义的大道上让伙伴们大踏步地冲幸福。

南京市第十中学全体师生暨职工同志共

1986年，南京十中首届教代会代表在小礼堂会场合影。

1987年学校作为"体育后备人才试点校"，成立了南京市第十中学女子篮球队。

■南京市金陵中学时期（1988年至今）

1988年，百年校庆庆典上学生
表演诗朗诵《金中百年颂》。

1988年，金陵中学建校
一百周年庆典盛况。

1997年，在南京大学等高等学校支持与合作下，在学分制改革与实施的同时，建立了高三直接保送高校的实验班，即高三教改实验班。1998年1月，李岚清副总理视察我校时，特别赞赏高三实验班的英语教学。图为南京大学金陵中学教改实验班学生论文答辩会现场。

1998年10月1日，金陵中学110周年校庆时，校友们纷纷在庆典会场合影留念。

2000年1月，金陵中学师生集会强烈抗议日本右翼势力否定南京大屠杀史实的大阪集会。

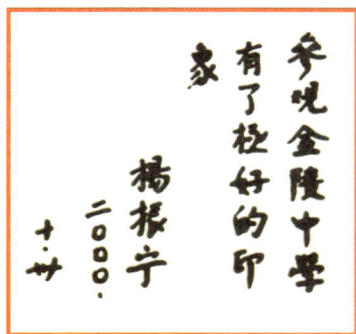

参观金陵中学
有了极好的印象
杨振宁
二〇〇〇·
十·卅

2000年10月30日，杨振宁博士在参观金陵中学后，欣然题写了"参观了金陵中学，有了极好的印象"。

2006年8月，丁强校长受温家宝总理的邀请到中南海参加教育工作座谈会，丁强校长是5位代表中惟一中学校长代表。图为丁强校长在座谈会上发言。

2006年，南京市委书记罗志军参加了金陵中学高一年级学生职业体验活动的汇报座谈会。

2007年8月30日，南京市金陵中学女子篮球队代表中国中学生在越南牙庄市举办的第四届亚洲中学生锦标赛中，以绝对优势大比分先后战胜马来西亚、斯里兰卡、新加坡、泰国和中国香港队，夺得了锦标赛的冠军。

2008年10月，金陵中学举行了隆重的庆祝建校120周年的庆典活动，师生和校友欢聚校园，载歌载舞，共贺母校"双甲"华诞。

2008年秋，金陵中学创建国际部，开设剑桥班和中美班两种课程。图为2008—2009学年首届剑桥班全体中外教师合影。

2008年10月8日下午，台湾著名诗人余光中做客金陵中学，结合自己的西方游学与诗歌创作经历，与师生们座谈。

2009年9月9日，王鼎宏老师在北京人民大会堂金色大厅，被教育部授予"全国模范教师"、"全国中小学德育先进工作者"称号，受到胡锦涛、温家宝等党和国家领导人的亲切接见。

2009年10月20日，邹正校长向教育部朱慕菊司长汇报学校新课程实施情况。

2009年10月30日，金陵中学作为全国基础教育课程改革经验交流会现场之一，陈小娅副部长全面考察了我校课程改革和素质教育的实践成果，给予高度评价。图为邹正校长向陈小娅副部长、沈健厅长、徐传德局长等介绍学校生命急救课程实施情况。

2009年4月，金陵中学学生会发起了"拯救金陵中学高三14班突发脑炎的庄培尧同学"爱心募捐活动，金陵中学师生、家长、校友和社会各界共为庄培尧筹集善款近百万元。在医护人员的努力下，将昏迷70多天的庄培尧从死神手中救了回来。

2010年，金陵中学国际部中美课程正式启动与美国加州大学洛杉矶分校UCLA合作项目。

2010年9月17日，美国《芒果街上的小屋》作者桑德拉·希斯内罗丝（Cisneros S.）访问了金陵中学，并与金陵中学学生开展了交流活动。

2010年10月27日，由南京大学和金陵中学共同策划的"准博士培养站"正式启动。"准博士培养站"由南京大学微结构国家实验室主任邢定钰院士联络的25位院士、博导，与金陵中学高一年级遴选出的42名优秀学生结对牵手，共同制定面向创新型人才培养方向的准博士学习生涯规划。

2011年6月17日，东南大学和金陵中学联手打造的"未来卓越工程师培养基地"正式启动。两校将合作从2011级金中新高一学生中选拔50名尖子生，由东大交通学院教授亲自"带教"。结对牵手的学生，他们将有机会走进东大校园，参观实验室，听一听名家的讲座，甚至参与结对教授的课题研究，提前享受研究生的"待遇"。

2012年3月27日至5月29日，宋月红老师（左一）受金陵中学委派前往意大利安科纳(Ancona)的Liceo Ginnasio di Stato "C.Rinaldini"兄弟友好高中开设"孔子课堂"，开展汉语教学，传播中国文化。

2012年6月，教育部杜玉波副部长视察金陵中学。

2012年10月11日，邹正校长被国务院教育督导委员会聘为第九届国家督学。

为实现"一主两翼"的现代学校管理体制，2012年9月，金陵中学成立了校务委员会。

2012年11月，邹正校长访问美国加州快乐谷高中，与美国快乐谷高中校长签订友好学校协约。

附　录

金陵中学大事年表

一、汇文书院成美馆时期（1888—1910）

　　1888年，光绪十四年，美国传教士举行华中地区教会年会，由主教傅罗倡议，决定在南京建立一所大学，即南京汇文书院（the Nanking University），是为金陵大学和金陵中学的共同渊源。美国传教士福开森任首任院长。同年，北京汇文书院（燕京大学前身）成立。

　　1888年，钟楼兴建，该楼原为四层。

　　1889年，福开森开始于估衣廊家中办学，是一所以传授《圣经》为主，兼以英语、数学、国学的微型学校，初名为The Fouler's Biblical School。

　　1890年，于干河沿建汇文书院建筑群，是年钟楼落成。

　　1892年，设大学堂、高等学堂、中学堂、小学堂。中学堂称成美馆，是为金陵中学作为独立中学的开端。

　　1893年，东课楼落成。

　　1896年，福开森赴上海襄助盛宣怀创建南洋公学（交通大学前身）。

　　1897年，传教士师徒尔继任汇文书院院长。

　　1898年，传教士包文任汇文书院院长。

　　1900年，义和团运动和八国联军侵华。东南各督抚组织"东南互保"，未对汇文书院等教会机构进行破坏。

　　1902年，图书馆落成。

　　1904年，日俄战争爆发，汇文书院学生参加"拒俄运动"，反对沙俄侵略东北。

　　1905年，陈裕光先生（著名教育家、化学家）入汇文书院成美馆就读。

　　1909年，陶行知（著名教育家）、陈桢（中央研究院院士、著名动物学家）入汇文书院成美馆就读。英文版校刊《金陵光》创刊。

　　1910年，宣统二年，盛成（著名学者、作家）于汇文书院就读，加入同盟会。

二、金陵大学附属中学时期（1910—1951）

　　1910年，以汇文书院为主体组建金陵大学，仍用干河沿校址。近代著名书法家李瑞清题写"金陵大学堂"，横砌于干河沿八字形老校门上。

　　1910年，汇文书院成美馆更名为金陵大学附属中学，简称金陵大学附中、金大附中，通称金陵中学。美在中（美籍）任金陵大学堂附属中学主任。金陵大学创设图书馆于金陵中学青年会内。

　　1911年，辛亥革命爆发，盛成积极参加了江浙联军光复南京之役，被誉为"辛亥革命三童子"之一。孙中山先生以"读书不忘革命，革命不忘读书"勉之。陶行知返回家乡参加革命，任徽州议会秘书。

1913年，金陵女子大学成立。金陵女子大学附属中学和金陵大学附属中学为今金陵中学的两支源头。

1914年，宗白华（著名美学家）、吴景超（著名社会学家）入金陵中学就读。

1916年，杭立武（著名政治学家）入金陵中学就读。

1917年，威尔逊（美籍）任金陵中学校长。王家楫（中央研究院院士、著名动物学家）入金陵中学就读。

1918年，王绳祖（著名历史学家）入金陵中学就读。

1919年，金陵中学师生参加五四运动。

1921年，金陵大学迁入鼓楼新校区，原汇文书院和金陵大学建筑群交由金陵中学使用至今。

1924年，刘镜澄任金陵中学代理校长。

1925年，金陵中学师生参加五卅运动。

1926年，刘靖夫任金陵中学校长。

1929年，耶鲁大学硕士张坊任金陵中学校长，直至1950年。

1932年，程千帆（著名文史学家）入金陵中学就读。其间，黄云眉（著名历史学家）在金陵中学任教。

1934年，国学大师胡小石为金大和金中校歌作词。

1934年，体育馆动工，第二年落成。国民政府主席林森为体育馆题写了馆名。

1934年，端木正（著名法学家）入金陵中学就读。

1935年，吴仲华（中国科学院院士、主席团名誉主席，著名物理学家）入金陵中学就读。

1936年，金陵中学师生参加一二九运动。

1937年，南京沦陷，金陵中学师生西迁万县西郊沙河子杨家花园。

1937年，金陵中学校友杭立武主持建立南京国际安全区。金陵大学、金陵女子大学和金陵中学均在安全区范围。在陈嵘先生及拉贝、贝德士等国际友人的努力下，金陵中学为国际安全区最大的难民收容所，金陵女子中学校长魏特琳女士主持金陵女子大学难民收容所，保护数万难民。

1938年，金陵中学首招女生。

1938年2月，金陵中学在万县正式开学。

1939年，金陵大学留守人员，哈佛大学硕士，著名林学家陈嵘先生于南京继续办学，任金陵补习学校校长，贝德士任名誉校长。金大校友刘宗基、庄允和、王文湛等人在"留守委员会"的支持下，在南京原址金中办起金陵补习学校。

1940年下半年，金陵补习学校改名为鼓楼中学，以贝德士为校长，刘宗基为教务主任，庄允和为训育主任。

1942年，鼓楼中学被迫停办，后经金陵大学护校委员会陈嵘、齐兆昌多次与日军交涉，将鼓楼中学改名为同伦中学方得以复校。校长由日军特务机关长原田少将兼任，陈嵘为"校长极取"，即代理校长。总务主任由齐兆昌担任，荟田为副主任。教务主任由冯泽担任。

1943年，褚民谊担任同伦中学校长。

1941年秋季，金大附中驻蓉分班成立。

1944年，万县金中悬挂穆守志先生书写的"金陵大学附属中学"的校牌。

1945年，日本投降，同伦中学改名金陵中学。陈嵘任校长。

1945年，抗战胜利后，学校决定回迁南京，把校产留给川东中学。驻蓉分班校舍校具转让给华西大学教育系。

1946年，金陵中学东归南京。张坊任校长。

1947年，宋家淇题写"金陵大学附属中学校"校牌。

1947年，厉以宁、吴敬琏入金陵中学就读。

1949年，金陵女子大学及附中部分师生南迁台湾，后金陵女子中学在台北复校。

1949年4月，南京解放。5月，中共南京市委派员前来金大附中，在学校建立了进步组织"新华之友"。

1950年，张坊校长辞职，并迁离学校，由王佐周代理校长，刘镜澄为副校长。

1950年，抗美援朝开始后，学校开展向最可爱的人——中国人民志愿军学习，以实际行动支援抗美援朝前线的活动。学生参军参干，优秀毕业生留校任教。

三、南京市第十中学时期（1951—1988）

1951年7月20日，南京市人民政府发出通知，金陵大学附中与金陵女子文理学院附中合并，改名南京市第十中学，刘开荣被任命为校长。

1952年，高行健（2000年诺贝尔文学奖获得者）入金陵中学就读。

1954年9月，苏联教育专家安德洛波夫来学校参观访问。

1955年6月，中央教育部派人来校视察。

1956年，南京市教育局确定十中为南京市重点中学。

1958年2月，学校在南京市陵园区牌楼乡开辟了一个占地一百五十亩的农场，作为师生生产劳动基地。

1958年6月，学校掀起大炼钢铁的高潮，一周内砌起36个炼钢炉。

1958年10月，在教育部和国家体委于徐州市召开的全国中小学体育工作经验交流会上，南京十中被评为"全国体育红旗学校"。

1960年10月，副校长林敏被任命为学校校长和党支部书记。

1961年，南京市教育局继续确定十中为南京市重点中学。

1966年3月，副校长李治中被任命为校长。

1968年12月，南京市革命委员会决定，十中由曙光机械厂接办。先后动员初高中毕业生1424名去农村、边疆落户，插队插场劳动。

1968年9月，高中恢复招生，所招学生全部到江宁县上峰公社办学。

1968年9月，学校迁到龙潭煤矿办学，11月学生毕业。以后，又在青龙山煤矿办学一期。

1971年12月，美国友人斯诺和夫人由黄华同志陪同，来十中参观访问。

1978年，学校被重新确定为南京市重点中学，并被确定为首批江苏省重点中学。杨运清被任命为校长，韩冲被任命为党支部书记。

1978年8月，杨祖恒老师被邀请出席全国优秀班主任座谈会，受到王震等中央领导人的接见。

1984年，杨祖恒被评为全国优秀班主任和南京市劳动模范。

1984年，在全市率先成立计算机教研组，设立计算机房，并开始在高一开设计算机必修课。

1985年，学校女排代表队荣获全国中学生"振兴中华杯"邀请赛季军，并输送了后来成为国家女排主攻手的孙玥到江苏队。

1985年，刚考入南京大学的马蓉校友，突然得了白血病，无法负担巨额医疗费，全校师生为了挽救校友生命捐款，很多学生动手制作工艺品、批发饮料义卖。《南京日报》以《嫩肩挑义担》为题报道这个动人的事迹。

1986年，南京市第十中学首届教职工代表大会召开。

1987年6月，陈正祥任校长兼党支部书记。

1987年，学校成立了女子篮球队，成为"体育后备人才试点校"。

1987年，查宇涵同学荣获得国际数学奥林匹克银牌。是我国首次在国际中学生奥林匹克数学竞赛中获奖。

1988年4月，经南京市人民政府批准，由南京市第十中学更名为南京市金陵中学。杨祖恒邀请著名书法家、全国政协副主席赵朴初先生题写了校牌，同时聘请了陈裕光先生为名誉校长。

四、金陵中学时期（1988年至今）

1988年，金陵中学举行了建校100周年华诞庆祝活动。

1990年5月，在我校召开了全国德育工作现场会，全校36个班级同时向与会代表开放"纪念鸦片战争150周年"的主题班会。

1990年开始，全校各年级参加中央教科所"八五"课题，实施《中学生德育纲要》，成立家长委员会，办家长学校。

1991年，黄重国任校长。

1993年，学校引进了专职心理辅导教师，成立了心理咨询室，开设心理健康讲座，编辑出版了《中学生心理健康指导》教材。在高一年级开设心理健康教育必修课，进行心理健康教育。

1993年，学校又以支援身患脑瘤的许亮同学手术费为契机，成立了全市中学首创的"爱心基金会"。

1993年，被江苏省教育委员会授予江苏省德育先进学校和江苏省第二届（1994—1996年）模范学校称号。

1995年1月，被南京市教育局评为南京市模范中学称号。

1995年4月，杨祖恒由分管德育副校长升任校长。

1995年，金中女篮荣获第五届全国中学生运动会女子篮球赛亚军。

1996年，由香港苏浙同乡会捐赠200万启动的曹隐云科学馆落成。

1996年，李申杰同学荣获第八届国际中学生信息学奥林匹克金牌。

1996年，开始实施《以学分制为制约和激励机制的高中全面素质教育改革方案》，从制度上找到了实施素质教育的突破口。

1997年，学校通过验收，被批准为江苏省首批国家级示范高中。

1997年，在南京大学等高等院校支持与合作下，在学分制改革与实施的同时，建立了高三直接保送高校的实验班，即高三教改实验班。

1998年1月16日上午，中共中央政治局常委、国务院副总理李岚清同志视察我校。

1998年6月，人民教育出版社出版了《中国名校丛书·南京市金陵中学卷》。

1998年，我校与南京大学、东南大学、浙江大学、华中理工大学、上海交大联合举办第二届高三实验班，放手进行素质教育，改革课程设置，开展研究性学习，尝试毕业论文答辩，收效显著。实验班于2000年暑期因教育部保送政策改变而停办。三届计免试直升高校111名优秀毕业生。

1998年10月，成功地举办了建校110周年庆典，编辑出版了110周年校庆纪念册，增编了校友通讯录，出版了《恽宗瀛师生美术作品集》。

1998年11月，章准平、李申杰在1998年第十届国际中学生信息学（计算机）奥林匹克竞赛中，荣获两枚金牌。

1998年，被教育部授予"现代教育技术实验学校"。

1998年，王珂同学被美国微软公司认定为当时全球最年轻的软件编程工程师专家。

1999年，金陵中学被江苏省教育委员会、江苏省科学技术协会、江苏省科学技术委员会、江苏省关心下一代工作委员会、江苏省青少年科技基金会命名为"江苏省青少年科技教育特色学校"。

2000年，岳燕宁由副校长主持工作升任校长。

2000年，被教育部确定为"现代教育技术实验学校"。

2000年，"中国航天之星"评选活动中，南京市入选的5个设计方案均出自金中学生之手。

2000年10月30日上午，著名物理学家、诺贝尔奖获得者杨振宁博士应邀访问金陵中学，杨振宁博士参观了我校物理创新实验室，为全校学生作了关于渗透性学习的演讲。杨振宁博士在题词中写道："参观金陵中学有了极好的印象。"

2000年，总结我校1998年以来研究性学习的首部专集《激活创造的潜能》，由南京师范大学出版社出版。

2001年，江苏省教育厅、国家教育部先后在我校召开了研究性学习现场会，《人民教育》等报刊介绍了我校研究性学习经验，《中国教育报》把我校誉为全国中学研究性学习的先行者和"一面旗帜"。

2001年，行政楼（汇贤楼）和新高中楼（行健楼）落成。

2001年，王珂同学以《分布式虚拟现实系统》参加国家教育部主办的"明天小小科学家"大赛，获得计算机唯一的一等奖。

2001年8月，16岁的陈碧舸一举夺得精英超模选拔赛中国香港赛区冠军，9月又在巴黎第18届国际模特精英赛中荣获第9名，进入世界超模"十佳"。

2001年，学校完成了校园网的建设。

2001年，拓荒文学社社员费滢滢和叶子，在 "全球少年华人美文大奖赛"上同获一等奖。两位同学的获奖文章被选作人民教育出版社出版的高中语文《读本》教材的写作范文。

2002年，丁强由分管后勤副校长升任校长。

2002年，新体育馆和艺术楼落成 。

2002年，女篮荣获第八届全国中学生运动会女子篮球赛冠军。

2002年5月，华演同学参加了在美国举行的第53届国际科学与工程学大奖赛（ISEF）。他参赛的创新项目《记忆合金自动保护安全煤气灶》在大奖赛上荣获了专项奖（Special Awards）方面的一等奖，并获得4000美元奖金。他的专利发明就是他在研究性学习过程中钻研的结果。为嘉奖他的成绩，国际小行星命名组织用他的名字命名了一颗小行星——"华演星"。

2003年，成立南京市中学生模型活动中心。在"流动杯"南京市中学生航空模型比赛中总分第一。

2003年9月，南京师范大学出版社出版了总结我校研究性学习的专集续集《拓展创造的天地》。

2003年9月，与河西开发指挥部合作创建的金陵中学河西分校落成开学。

2003年，出版了特级老师岳燕宁和喻旭初教育教学文选。

2003年，校友姚远编辑出版了《钟楼嵯峨——百年金陵人文作品选读》。

2003年，林希德荣获2003年全国中学生信息奥林匹克竞赛金牌，并获"全国最佳女选手"。

2003年12月，金陵中学原初三学生沈明睿荣获2002年度"茅以升全国少年科技奖"。

2004年3月，金陵中学通过江苏省教育厅评审，确定为首批"江苏省四星级普通高中"。

2004年5月，翟宇轩同学参加了在美国举行的第55届国际科学与工程学大奖赛，被保送清华大学。

2004年，林希德在美国威斯康辛大学举行的第七届国际中学生信息学奥林匹克竞赛中荣获银牌。

2004年11月，南京市教育局确定金陵中学为"南京市科技教育特色学校"。

2005年11月，南京市政府颁发金陵中学"南京市'十五'素质教育创新奖"。

2005年6月，2005届高三学生翟冠同学荣获南京市高考理科状元。

2005年，学校加强与在宁高校的合作，先后与南京大学和东南大学签订协议，联合创建教改实验班，探讨中学与大学联合培养人才的模式与经验。

2006年，周辰自主开发的"半自动个人电脑光标定位系统"，只要转动眼球注视计算机屏幕，就能实现传统鼠标的选择、点击、浏览、计算、游戏、播放音乐等功能，开辟了人机交互的新途径。该项发明荣获江苏省青少年科技创新大赛一等奖，并被推荐参加第二十一届全国青少年科技创新大赛评选。

2006年6月，金陵中学研究性学习丛书《探求创造的真谛》由南京师范大学出版社出版。

2006年8月22日上午，丁强校长作为全国唯一的中学校长代表，被特邀参加了温家宝总理在中南海亲自主持召开的座谈会，反映基础教育情况。

2007年，学校开始请专家论证，开展"百年老校、少年精神"课题研究。

2007年，学校组建了金陵中学机器人社团。

2007年，王冉同学发明"双区域液晶显示系统"，捧回了第七届全国"明天小小科学家"评选一等奖。

2007年6月，叶枝同学以662分的高分，摘取江苏省高考政史科目组合状元桂冠；王哲同学以672分的高分，摘取江苏省高考物生科目组合状元桂冠。金陵中学成为江苏省在本届高考中惟一拥有两位省高考状元的学校（南京市仅有两名省状元），创造了南京市高考奇迹。

2007年6月，金陵中学研究性学习丛书《体验创造的快乐》由南京师范大学出版社出版。

2007年11月，邹正由南京外国语学校副校长调任金陵中学校长。

2008年，《人民教育》杂志第2期，以《永为南国雄》为题，专题报道了金陵中学"继承传统、发扬特色"的办学实践及成果。

2008年5月，在美国达拉斯举行的世界机器人锦标赛中，在四百多支队伍中脱颖而出，获得世界第五的优异成绩。我校陈彦名同学因为出色表现被团省委授予"江苏省十佳青年学生"殊荣。

2008年，高三（13）班胡越同学以特征分400分、总分434分、选测科目双A+的好成绩成为南京市理科状元。

2008年，严梦媛同学荣获第七届全国女子数学奥林匹克金牌。

2008年，为庆祝金陵中学建校120周年华诞，学校重新打造校园文化，建立了校训碑和抗日战争纪事碑，精心编印了校庆纪念册《永为南国雄》，出版了《桃李坐春风》校友回忆录、校友风华录和校友通讯录。9月30日，金陵中学举行了隆重的120周年华诞庆典活动。

2008年9月，南京市金陵汇文学校落成开学。

2008年10月8日下午，台湾著名诗人余光中做客金陵中学，结合自己的西方游学与诗歌创作经历，与师生们座谈。

2008年12月，被南京市教育局评为"2008—2011年南京市科技教育特色学校"和"南京市体育基地学校"。

2008年12月，江苏省教育厅表彰金陵中学为"2006—2007年度省学校体育工作先进单位"。

2009年9月9日，王鼎宏老师在北京人民大会堂金色大厅，被教育部授予"全国模范教师"、"全国中小学德育先进工作者"光荣称号，受到胡锦涛、温家宝等党和国家领导人的亲切接见。

2009年10月20日，教育部朱慕菊司长视察金陵中学。

2009年10月30日，金陵中学作为全国基础教育课程改革经验交流会现场之一，教育部陈小娅副部长全面考察了金陵中学课程改革和素质教育的实践成果，给予高度评价。

2009年11月，荣获国家体育总局授予的"2005—2008年度全国群众体育先进单位"。

2009年12月，荣获"江苏省和谐校园"称号。

2010年，严梦媛同学荣获第8届中国女子数学奥林匹克竞赛金牌，第26届全国中学生物理竞赛一等奖。

2010年12月，出版《建构创新的文化》（南京师范大学出版社）。

2010年，在校学生姚志浩利用计算机自身免疫系统独自开发的防病毒安全软件，2012年荣获江苏省青少年科技创新大赛一等奖和全国二等奖。

2010年10月27日，在2010级学生中遴选42位同学组建了与南京大学合作的"准博士培养站"。

2011年5月，学校与东南大学交通学院联合成立"未来卓越工程师培养基地"。

2011年，江苏省教育厅在全省挑选部分中学建立拔尖创新人才培养基地，并在中学筹建具有鲜明特色的学科基地。金陵中学开始申报和筹建"以传感器为载体的物化课程建设"，成为第一个获得江苏省教育厅批准的课程基地建设项目。

2010年，钱锦同学被校长实名推荐保送北京大学。

2011年6月17日，东南大学与金陵中学联手打造的"未来卓越工程师培养基地"正式启动。

2011年8月，江苏省教育厅确定金陵中学为"省创新拔尖人才培养基地"。

2011年10月，金陵中学研究性学习系列研究荣获南京市教育局"首届南京市基础教育教学成果奖评比特等奖"。

2011年10月，荣获"江苏省推进基础教育课程改革工作先进集体"称号。

2011年10月，荣获江苏省科协"江苏省少年科学教育特色学校"称号。

2011年，水一方同学在第十届"明天小小科学家"活动中获得二等奖，取得高校保送资格。是此届江苏代表队唯一获奖学生。

2011年12月，荣获"江苏省依法治校示范校"称号。

2012年，张晓天同学被校长实名推荐保送北京大学。

2012年3月27日至5月29日，宋月红老师受金陵中学委派前往意大利安科纳(Ancona)的Liceo Ginnasio di Stato "C.Rinaldini"兄弟友好高中开设"孔子课堂"，开展汉语教学，传播中国文化。

2012年6月，宋玥以学业水平测试4A加5分，总分439分，选科理化双A+，荣获2012届南京市高考理科状元。

2012年9月，金陵中学仙林分校（小学部）落成开学。

2012年10月11日，邹正校长被国务院教育督导委员会聘为第九届国家督学。

2012年，高二（11）班的徐获明同学发明的"超薄平板节能电扇"，去掉了普通电扇的电机，利用电磁铁通上电产生的磁力，与永磁铁间形成顺时针的推力，带动风扇转动。该发明荣获国家发明专利。

2013年6月，高三（13）班费欣意以418分和选科双A+的好成绩，勇夺南京市理科状元。

2013年6月，学生姚志浩开发的防病毒安全软件入选参加在美国举办的英特尔国际科学与工程大赛（ISEF），荣获二等奖。同年，荣获"江苏省科技标兵"称号。

2013年7月，吴佩尧同学参加在莫斯科举办的第45届国际中学生化学奥林匹克竞赛，荣获银牌。

2013年8月1—7日，在南京国际博览中心举行的第28届全国青少年科技创新大赛中，我校徐获明同学设计的《轮式平板风扇》荣获大赛一等奖、英特尔英才奖，并获得明年参加英特尔国际科学与工程大赛（ISEF）的资格；卞远哲同学设计的《基于机器视觉的魔方机器人的研究》荣获大赛一等奖、"茅以升科学技术奖"、"青少年科技创新培源奖（省长奖）"。

编后语

　　百年金中珍藏照片选辑《钟楼记忆——文化·校园·人物》终于编辑成功。这应当归功于校领导的高度重视，广大校友的全力支持，有关人士的热切关心，以及校庆筹备组全体同仁的共同努力。

　　百年金中，历史厚重，物华天宝，人杰地灵，这本《钟楼记忆》纪念册，基本编辑设想是：总结百年金中的文化传承，追忆百年金中的校园印象，勾勒百年金中的风流人物。目的是继承和发扬优良传统，把握现在前进方向，争创国内一流、国际知名中学，创造金中更加辉煌的明天。本着这个意图，求真务实，薄古厚今，简明扼要、图文并茂地进行编辑。

　　这本纪念册，只是简单地分为文化篇、风物篇、园丁篇、桃李篇、珍藏篇五大部分，以图片为载体，撷取校园建筑、杰出教师、校友和学生代表，作简要介绍，以管窥学校发展的历史和成就。所选内容在百年金中的发展史中，仅仅是九牛一毛、沧海一粟，只能在一定程度上反映百年金中的以往。

　　这本纪念册仅是系列图书百年金中珍藏照片选辑中的第一册，我们还打算编辑更多主题的纪念册。希望能得到广大师生和校友的支持和帮助。

　　本书编撰过程中，得到了众多学校领导、师生和热心校友的鼎力支持。邹正校长、沈方晓书记、田国生副校长，对本书的编辑工作予以明确的指示和指导。所选编的不少图片和文字，是摘自百年校庆以来历次校史展和纪念册，我们特别怀念原校史办主要负责人汪庆云副校长，他生前长期细致踏实的工作，为我们的编辑工作提供了很大的方便。校史办彭卫平、陈建华、聂祝旭三位老师还广泛发动校友提供资料和照片。张铭、林兵、印蓉、朱文迪老师克服困难，牺牲暑期休息时间，参与到纪念册的编辑工作中。更有众多书画界校友，如王凡、岳燕宁、费祖宁、朱江、成懋冉等，为本纪念册题写作品。在此一并表示衷心的感谢。

　　由于我们发动和联系校友的工作做得还不够，难免有疏漏之处；由于我们水平有限，难免有缺点和错误。敬请多提宝贵意见，以便今后改进。

编　者
2013年9月